TROIS ANS

A

LA MARTINIQUE

ÉTUDES DE MŒURS — PAYSAGES ET CROQUIS — PROFILS ET PORTRAITS

PAR

LOUIS GARAUD

Vice-Recteur de La Martinique

ILLUSTRATIONS HORS TEXTE DE NOTOR

PARIS

ALCIDE PICARD ET KAAN, ÉDITEURS

11, RUE SOUFFLOT, 11

TROIS ANS

A LA MARTINIQUE

TYPE ET COSTUME DE LA MULÂTRESSE DE LA MARTINIQUE (VILLE)

(D'après une photographie)

COLLECTION PICARD

TROIS ANS

A

LA MARTINIQUE

ÉTUDES DE MŒURS — PAYSAGES ET CROQUIS — PROFILS ET PORTRAITS

PAR

LOUIS GARAUD

Vice-Recteur de La Martinique

ILLUSTRATIONS HORS TEXTE DE NOTOR

PARIS

ALCIDE PICARD ET KAAN, ÉDITEURS

11, RUE SOUFFLOT, 11

PRÉFACE

Entre la pensée en travail dans l'esprit et la pensée stéréotypée dans un livre, il y a la même différence qu'entre un être vivant et une momie emmaillotée.

Je sais cela. Et pourtant j'aurais souhaité que ce livre, dont j'ai vécu tous les détails, palpitât encore dans la main de mes lecteurs et que ma pensée ne se trouvât pas figée sous les mots, comme la momie sous les bandelettes.

J'aurais voulu payer ainsi à La Martinique ma dette de reconnaissance pour le charme de son climat, la splendeur de sa végétation et l'hospitalité de ses habitants dont les défauts, faits de jeunesse, séduisent plus encore que les qualités.

« Y pensez-vous? me dira-t-on peut-être. Les habitants de cette colonie n'ont-ils pas d'intolérables défauts? Ne sont-ils pas orgueilleux, prodigues, audacieux même? »

Je répondrai ceci : L'audace, c'est le courage qui s'emporte; la prodigalité, c'est la charité qui s'emballe; l'orgueil..... serait la plus belle des qualités si le christianisme n'en avait pas fait le plus laid des sept péchés capitaux. Au reste, l'éclat des qualités accentue l'ombre des défauts. Or, peut-on s'étonner que dans le pays du soleil les ombres paraissent plus intenses ?

Qu'ils soient blancs comme le jour, noirs comme la nuit, ou beaux comme le crépuscule, tous les habitants de la *Perle des Antilles* ont la tête ardente et le cœur sûr. Car le Dieu qui les a faits, de nuances diverses, a pétri leur âme avec la terre généreuse de leur pays et leur a allumé le cerveau avec les rayons de leur magnifique soleil.

Fort-de-France, le 25 novembre 1891.

SAINT-NAZAIRE — La Place de la Marine
(D'après une photographie)

I

LA TRAVERSÉE

Préparatifs de départ. — L'installation à bord. — Précautions à prendre. — La cabine, le pont, la salle à manger. — Le mal de mer. — Les Açores en vue. — Distractions pendant la traversée. — Les raisins de mer. — Les poissons volants. — La Guadeloupe et sa baie. — Arrivée à Fort-de-France.

La traversée de Saint-Nazaire à La Martinique n'a qu'une durée moyenne de treize jours. Par un gros temps le bateau éprouve un retard de vingt-quatre heures. Quand la mer est belle, on accomplit le trajet en douze jours, presque sans y penser. Il faut songer que l'on doit franchir la diagonale d'un rectangle qui mesure dans sa longueur 58 degrés de longitude et dans sa largeur 33 degrés de latitude.

On peut s'embarquer soit à Bordeaux le 26, soit à Saint-Nazaire le dix de chaque mois.

Par la voie de Marseille les escales sont plus fréquentes mais la traversée est plus longue; et ce n'est qu'après le vingtième jour que les Antilles sont en vue. Par Bordeaux l'embarquement offre des difficultés, parce que les grands paquebots de la Compagnie transatlantique ne remontent pas le cours de la Gironde au-dessus de Pauillac, à cause de leur puissant tirant d'eau. Les passagers sont obligés de descendre jusqu'au bateau sur d'immenses chalands où l'on est entassé pêle-mêle avec les bagages. A Saint-Nazaire, au contraire, le paquebot est à quai, et c'est dans le dock même de la Compagnie que l'embarquement s'effectue.

L'enregistrement, le pesage et le chargement des colis s'opèrent avec entente et rapidité. La répartition des bagages entre la cale et les cabines se fait sans encombre.

J'avais choisi ma cabine à bâbord et au centre du bateau, entre la salle à manger et la machine. Je crains l'arrière à cause du bruit insupportable de la *drosse*, quand la mer est dure. De plus, lorsqu'on descend au-dessous du tropique du Cancer, sous un soleil torride, le bateau entre dans la zone où règnent les vents alizés et reçoit leur souffle par le travers. Ce sont les hublots de bâbord qui sont fouettés par cette fraîcheur. Au retour, c'est tribord qui doit être choisi pour les mêmes raisons.

Les tristesses du départ, les déchirements d'une longue séparation, l'appréhension de l'affreux mal de mer se joignent aux ennuis d'une première installation dans la cabine, à table d'hôte et sur le pont. Dans la cabine c'est la couchette la plus élevée qui est la meilleure à tous les points de vue. Il vaut mieux dormir au-dessus des malades qu'au-dessous. De plus, la couchette supérieure, au niveau du hublot, est la plus aérée et la moins exposée à recevoir, quand un grain survient, des paquets de mer embarqués brusquement. J'avoue qu'il est désagréable de se hisser chaque soir jusqu'au plafond de la cabine pour s'introduire dans son lit; mais on se fait à cet exercice, pour peu qu'on veuille mettre en pratique les leçons de gymnastique reçues au collège.

Sur le pont, il convient aussi de s'installer confortablement. C'est là, surtout, quand on est accessible au mal de mer, que les plus élémentaires principes de l'hygiène vous prescrivent de rester pendant le jour. Pour cela il faut se munir d'avance d'une *chaise-pliant.* Les plus commodes se composent d'une

large bande de toile fixée aux extrémités opposées
de deux cadres en bois, rectangulaires, vissés l'un à
l'autre par le milieu et pouvant se tendre ou se plier
à volonté, de façon à former, selon le cas, un siège
ou un lit. Là, les malades eux-mêmes, étendus en
plein air, retrouvent le repos et le sommeil. Au reste,
les yeux s'accoutument peu à peu au mouvement du
bateau; l'anémie du cerveau, cause du mal, s'atténue
insensiblement; et quelques jours après il ne reste
plus qu'une légère sensation de malaise.

Pour bien se tenir à table et s'y comporter avec
honneur, c'est plus lent et plus difficile. Les passagers
dont le roulis brouille la tête et l'estomac, ne par-
viennent pas à vaincre d'abord leur répugnance pour
les aliments. Ce qu'il faut, c'est se placer à la table
centrale, manger peu et souvent, choisir pour voisins
des convives de joyeuse humeur, aussi insensibles
au tangage qu'au roulis, et attendre patiemment que
l'accoutumance rétablisse la digestion et ramène
l'appétit.

Après avoir quitté Saint-Nazaire, nous nous
trouvons en vue des Açores, au bout de quatre jours
de marche. Tous les passagers se précipitent aux
bastingages pour reposer enfin leurs yeux sur un
point ferme. Dès ce moment la gaîté renaît. Les
voyageurs ont eu le temps de se connaître et de se
rapprocher. La joie emporte les dernières atteintes

du mal de mer, pendant qu'on contemple l'île *Gra-ciosa,* la plus septentrionale des Açores en vue, qui semble passer lentement devant nous.

Du bord on aperçoit des vignobles, des champs de blé, des plantations de citronniers, et, traversant ces massifs de verdure, des routes qui enveloppent l'île d'un ruban blanchissant. Çà et là s'élèvent, au milieu des champs, des maisonnettes isolées, ou bien des groupes d'habitations formant de minuscules villages le long des routes.

J'ai cru entrevoir, dans un large évasement béant séparant deux falaises, une apparence de ville sur le rivage ; mais l'éloignement m'a empêché de rien distinguer nettement. Tout cela s'étage au-dessus d'une côte escarpée, au pied de laquelle la mer écume avec colère.

Autour de l'île et dans ses eaux on voit des barques de pêcheurs, les ailes étendues comme des mouettes, sillonnant la mer de tous côtés. Tant que Graciosa a été visible, je ne l'ai pas quittée des yeux. Puis ce délicieux spectacle s'est enfoncé sous l'horizon et l'isolement s'est tristement refermé sur nous.

C'est un véritable malheur pour les passagers quand on longe les Açores de nuit et qu'on perd ainsi le bénéfice de cette reposante étape.

On ne fait escale pour la première fois qu'à La Guadeloupe. Aussi au milieu de cet immuable mo-

notonie de l'Océan désert, les faits les plus menus
sont considérés à bord comme des événements. Si
une voile pointe à l'horizon, à demi noyée dans les
brouillards, elle est aussitôt signalée et chacun se
précipite pour la saluer de loin.

Nos principales distractions consistent à mettre
régulièrement notre montre à l'heure tous les jours,
quand le capitaine a fait le point, à noter combien
de milles on a franchi en vingt-quatre heures et
à retrancher des 1 800 lieues à parcourir le chemin
parcouru la veille. La préoccupation de la vitesse
de notre marche absorbe notre esprit. Au reste,
toutes les deux heures, les matelots lancent le loch à
la mer. On laisse la bobine se dérouler et le loch
traîner jusqu'au signal que donne brusquement un
matelot aussitôt que son sablier est épuisé. Nous
filons treize nœuds, en vitesse moyenne, c'est-à-dire
390 mètres par minute; ce qui donne en chiffres
ronds trois cents milles par jour, ou cent quarante
lieues environ.

Au delà des Açores nous entrons dans la *mer
des Sargasses*. C'est une immensité sur laquelle
plane le calme. Au-dessus des flots surnagent des
varechs jaunâtres. On les appelle, je ne sais pourquoi, des *raisins de mer*. Nous suivons des yeux les
évolutions de ces sortes d'algues, paquets de mousse
velue, qui se balancent sur le dos des vagues lui-

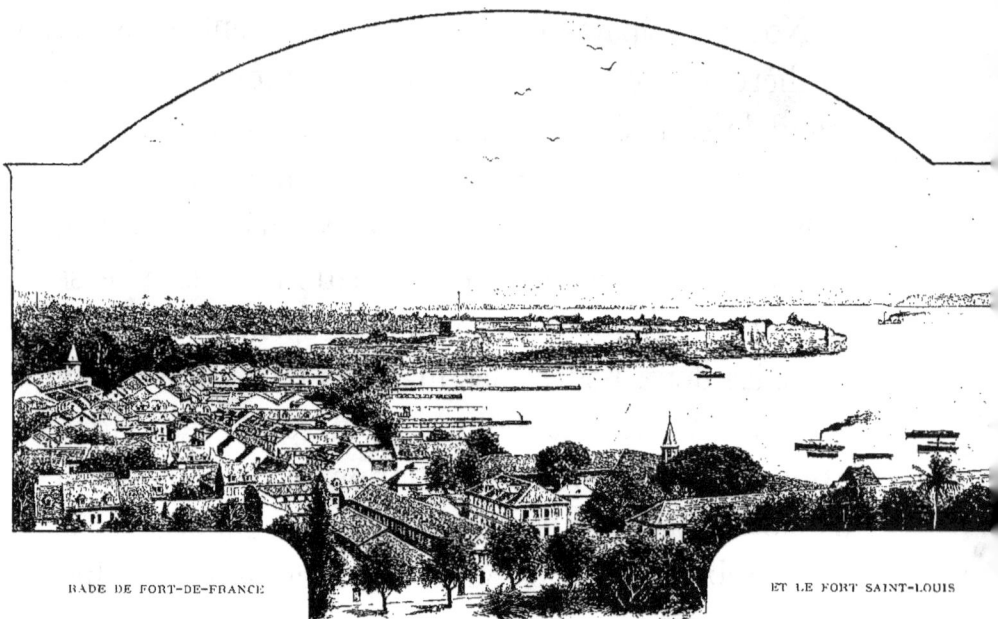

RADE DE FORT-DE-FRANCE   ET LE FORT SAINT-LOUIS

(D'après une photographie)

santes. Cette vue suffit pour nous distraire de longues
heures.

Après être descendus au-dessous de la ligne du
tropique, nous jouissons d'un spectacle inattendu et
fort amusant. Le bruit de l'hélice de notre bateau
épouvante des légions de poissons volants qui s'é-
lancent hors de l'eau et s'enfuient à tire d'aile. Ils
rasent la surface des flots, s'élèvent de quatre ou
cinq mètres au plus, parcourent une distance de cinquante brasses environ, replongent et disparaissent.
C'est vraiment bizarre de voir s'envoler tout à coup,
comme une compagnie d'oiseaux effarouchés, des
nuées de ces poissons dont les nageoires d'argent
étincellent au soleil avec un bruit d'ailes étoupées.
Parfois, à la grande joie des passagers, un de ces
étranges oiseaux, fourvoyé et éperdu, vient tomber
sur le pont.

Chacun veut le voir et le toucher. La malheureuse victime, nue et palpitante, passe de mains
en mains, jusqu'à ce qu'une âme généreuse la re-
jette à la mer.

Vers la fin du onzième jour, chaque passager
tient ses regards attachés sur l'horizon pour tâcher
de découvrir la silhouette de *La Désirade*. Quand on
la signale, se profilant dans les brouillards, c'est un
débordement de joie.

Bientôt elle offre à la vue une chaîne continue

de falaises à pic, fort élevées, derrière lesquelles
s'abrite la léproserie. Elle est peu habitée, car elle
compte à peine 2000 âmes. Notre bateau glisse
entre elle et les *Petites-Terres* et met le cap sur
La Guadeloupe, dont la masse nous apparaît enfin,
fondue dans la brume du soir.

Le lendemain, au lever du soleil, nous entrons
dans la rade de *La Pointe-à-Pître.* C'est un éblouissement. La mer est tout argentée. Elle resplendit dans
une immobilité de miroir, tachée çà et là par de
petits canots, venant à nous, conduits à la rame par
des nègres nus sous le soleil.

L'entrée de la passe est difficile, car une multitude d'îlots verdoyants, pareils à des bouquets
de feuillage, émergent de l'eau autour de nous. Une
végétation prodigieuse enserre la ville qui s'étend sur
le rivage. C'est le plus frais et le plus riant tableau
de toutes les Antilles. C'est le triomphe de la verdure, du soleil d'or et de la mer rayonnante.

Aussi ce n'est pas sans un sentiment de regret
que l'on s'éloigne de *La Pointe-à-Pître,* après quatre
ou cinq heures d'arrêt.

De *La Pointe* à *Basse-Terre,* où le bateau sta-
tionne quelques instants, la distance est courte; le
voyage ne dure pas deux heures. Ensuite on côtoie
Marie-Galante, Les Saintes, La Dominique, dont le
canal est toujours houleux, et, après sept heures de

marche, nous stoppons en face de *Saint-Pierre*[1] (Martinique). Le temps de déposer les dépêches et de débarquer voyageurs et marchandises, et nous voilà voguant vers *Fort-de-France,* où nous arrivons en moins d'une heure.

La baie de Fort-de-France[2] est fort belle. Les forts qui en défendent l'entrée lui donnent un aspect imposant qui contraste avec celui de la rade féerique de La Guadeloupe, dont les bords, frémissants sous la brise, l'enveloppent d'une ceinture de bosquets rapprochés. A La Martinique, le cercle est plus vaste, la mer moins riante et la côte moins coquette. Mais il règne une telle splendeur dans l'enfoncement lumineux de la baie, dans les hauteurs boisées, dans les îlots verts qui bordent la côte, sous un ciel qui rayonne et par un soleil qui éblouit, que l'on se sent payé largement des inconvénients d'une longue traversée.

En débarquant à quai, dans [l'intérieur du dock de la Compagnie, on pénètre de plain pied sous un bosquet de *filaos* dont le sol est jonché d'aiguilles sèches. En mettant pour la première fois les pieds sur cette terre, pourtant si hospitalière, j'ai éprouvé une invincible et pénible impression : il me semblait que j'allais marcher sur quelque vipère.

---

1. Voir gravure, page 51. — 2. Voir gravure, page 15.

II

LA LANGUE CRÉOLE

Vie des pauvres gens à La Martinique. — Les soliloques des négresses. — Leurs colères. — Leurs disputes. — Origine de la langue créole. — Les règles de sa formation. — L'esprit de cette langue.

Ici la vie des pauvres gens est comme leurs cases, ouverte à deux battants. Le peuple n'a pas, à vrai dire, de vie intérieure. Il n'a pas de secrets et n'en veut pas avoir. Soit indifférence, soit franchise innée, soit besoin d'expansion, il étale son existence au dehors. Il semble céder à l'attrait de s'épandre, de se communiquer, de déborder même. Il a besoin d'espace et d'air. Comme les enfants, il aime le bruit qu'il fait, il se plaît à parler haut, à raconter ses affaires aux amis, aux voisins, à ceux qui passent, aux oisifs qui ont le temps d'écouter.

Les hommes, toutefois, se sont accoutumés assez vite, au contact des Européens, à être moins bruyants

et plus discrets, tandis que les femmes sont demeu-
rées réfractaires à toute influence, et qu'elles ont
conservé leur primitive liberté d'allure. Elles conti-
nuent à penser à haute voix. On entend dans toutes
les cases comme un monologue ininterrompu; c'est
la ménagère qui, tout en s'occupant des travaux inté-
rieurs, parle seule et se raconte à elle-même ses projets. Si elle sort pour vaquer à ses affaires, elle
poursuit son soliloque et livre ainsi ses pensées
intimes à tout venant. La rue est son domaine. Elle
y agit, elle y parle comme si elle était seule. Ses
craintes, ses rancunes, ses espérances, ses amours
mêmes, elle jette tout cela aux quatre vents.

Il faut surtout l'entendre dans ses colères, la négresse de La Martinique[1]! Si une dispute s'élève entre
deux femmes dans une case, elles s'élancent ensemble
dans la rue pour être plus à l'aise, pour avoir des
témoins et un public. Dès qu'elles se trouvent en
scène et qu'elles sont entourées d'une galerie de
spectateurs, leur exubérance s'enfle et crève. Le
verbe haut, l'œil en feu, ramassant de leurs mains
les plis de leur robe traînante, elles vont l'une sur
l'autre avec des cris, des exclamations, des gestes,
des attitudes grosses d'injures osées. Tout leur corps
est en branle. C'est un déhanchement chaud et vi-

1. Voir gravures, pages 27, 39, 75, 135.

brant. Elles se provoquent sans trêve ni relâche, avec une volubilité enragée, à en perdre la respiration. Elles se toisent, se menacent, reculent, se séparent, rentrent violemment chez elles, en ressortent aussitôt et recommencent à déverser l'une sur l'autre toutes les injures connues, avec des mots graveleux, des gestes orduriers, en frappant leurs cuisses du plat de leurs mains jusqu'à ce que, ne se possédant plus, elles en viennent à se mettre l'une à l'autre le poing sur le nez et à s'arracher leurs madras.

La langue créole est bien faite pour servir de telles colères. Elle est rapide, bizarre, imagée. Mais pour être vivante, il faut qu'elle soit parlée; quand elle est écrite, elle est inerte et morte. Il lui faut l'accent, les intonations, le geste, les poses, les éclats de rire, les interjections, dont les Créoles émaillent et animent leurs conversations. Mais aussi quelle agitation dans ces phrases qui se heurtent et se pressent! Quel sang coule dans cette ardente pensée!

Les Européens, malgré leurs efforts et leur persévérance, n'arrivent que difficilement à se servir de cet idiome. Ils le comprennent bien, mais le parlent mal. Cela se conçoit : c'est une langue mimée plutôt qu'une langue parlée.

Pour que la phrase soit claire et complète, elle a besoin du feu des regards, de la volubilité de la parole, de la mobilité des gestes, des attitudes du corps et de la sonorité des rires. Il faut faire palpiter cette langue, il faut la faire vivre. Que l'on songe que, pour quelques termes qui sont nettement entendus dans une période, le reste est exprimé avec les bras, les hanches, à l'aide du corps tout entier, au milieu des éclats de voix et des interjections les plus pittoresques.

Quant à la langue elle-même, considérée dans ses termes, dans sa construction grammaticale et logique, c'est un français corrompu, arrangé à la mode créole. C'est la langue de Vendredi avec des altérations qu'une longue période d'années doit fatalement apporter à une langue transmise par l'oreille. Et j'avoue qu'il n'est pas sans intérêt de constater quelles barbares et souvent burlesques modifications a subi notre français, après avoir été longtemps martelé à La Martinique.

Des grammairiens locaux ont prétendu trouver dans cet idiome certaines traces du vieux langage caraïbe; d'autres y veulent constater l'influence de la langue anglaise. Pour moi, je n'y trouve qu'une imitation instinctive des sons et des constructions de la langue française à l'aide de suppressions, d'abréviations et de contractions. En effet, le nègre écoutait et reproduisait de son mieux les intonations saisissables. Devant ce travail d'imitation spontanée se dressaient évidemment d'inéluctables difficultés;

car il faut songer à l'atténuation et à la perte des sons qu'entraîne une semblable transmission. Il faut en outre tenir compte de la conformation buccale de celui qui émettait les sons, et de celui qui les répétait. Or les lèvres, le palais, le pharynx offraient une dissemblance absolue. Les instruments étant différents, sans accord possible, la notation devait être différente aussi.

Ce qui a d'abord frappé l'oreille du nègre, c'est la tonique de chaque mot, parce qu'elle était plus fortement accentuée; c'est celle-là qu'il a cherché à retenir et à reproduire. Quant aux syllabes atones du même mot, étant légèrement prononcées, elles étaient à peine entendues. De là les aplatissements, les éliminations et les ellipses.

La plupart des mots ont subi des aphérèses et des apocopes. De « *vous entendez* » on a fait « *ou tanne* »; au lieu de « *voulez-vous* » on a dit « *ou lé* ». On a rejeté l'article comme gênant. On n'a adopté qu'une seule forme pour le singulier, comme pour le pluriel, au hasard des souvenirs : on dit un *zanimau* et deux *cheval*. Certaines conjonctions indiquant un lien subtil ou inutile ont été remplacées par de simples intonations. Le verbe *être* terme essentiel de l'affirmation, a été considéré comme superflu.

Le Créole dans son langage rapproche deux termes et d'un geste il affirme qu'ils se conviennent;

chez lui, le geste sert de terme d'affirmation, c'est le verbe.

Notre verbe attributif, avec ses temps et ses modes si compliqués, a été réduit presque à néant. La conjugaison se résume à l'infinitif devant lequel on place des préfixes invariables :

Ka vini, Présent; *Té ka vini*, Passé; *Ké vini*, Futur.

Ajoutez à ces préfixes des pronoms pour indiquer les personnes et vous aurez le verbe créole au grand complet.

Par une bizarrerie fort explicable née d'un piège tendu par l'oreille, les nègres n'ont pas pu se rendre compte des liaisons euphoniques que nous formons entre deux termes. Il en est résulté des prosthèses curieuses dans leur langue.

Ainsi le second terme a reçu comme consonne initiale la consonne finale du premier, et l'on a dit un *nhomme*, une *zoreille*, un *zanneau*. On peut faire les mêmes observations au sujet de l'article dont ils n'ont pas saisi les élisions. Ils disent une *loccasion*, un *lappétit*, une *ladresse*. Il est vrai qu'en français nous disons un *lendemain*, un *lierre*.

En somme, le nègre vif, mobile, ardent, s'est taillé un instrument à sa façon et à sa mesure. Il a rejeté tout ce qui pouvait arrêter l'essor de sa langue ailée. Ce procédé instinctif n'usait ni de biais, ni de

NÉGRESSE SOUS L'AJOUPA

(D'après une photographie)

ménagements. On se débarrassait hardiment de tout ce qui semblait être un bagage gênant ou inutile. Il fallait que la pensée courût sous les mots, sautillât avec elle, qu'elle fût brillante et tapageuse, qu'elle eût du soleil dans les ailes. Aussi, se moquant des règles et des méthodes, ce langage prend sa course au hasard, la bride sur le cou, et se rit des grammaires et des grammairiens.

Il y aurait là matière pour une curieuse étude.

III

HISTOIRE D'UN PAYSAN A LA MARTINIQUE

Une pauvre famille de paysans de Nîmes. — Départ de Miette et de Castagné. — Leur impatience en mer. — Leur étonnement à La Guadeloupe. — Arrêt à La Martinique. — Leur installation et leurs travaux. — Déceptions. — Projets de Castagné. — Pourquoi Castagné est heureux de n'avoir pas d'enfants.

Sur le chemin de Balata, un peu au-dessus de la 8e borne kilométrique, laissez la route, engagez-vous à main droite dans un sentier encaissé, descendant en pente rapide, et vous aboutirez à une maison hospitalière où l'on trouve bon accueil à toute heure.

Ce n'est ni une auberge, ni un restaurant, ni une guinguette; il n'y a, au-dessus de la porte d'entrée, ni rameau, ni enseigne d'aucune sorte; c'est une maison modeste, presque cachée, ayant plutôt l'apparence d'une ferme. Elle sert à la fois de station aux malades obligés de changer d'air et de rendez-vous, le dimanche, aux citadins avides de verdure.

En arrivant, vous apercevez, debout sur le seuil
de la porte, sa chemise entr'ouverte, ses manches
retroussées et chaussé de sabots, le maître de la
maison qui vous souhaite la bienvenue avec un gros
rire jovial. Là, on vous laisse libre de vos pas et
maître de vos actions. Seulement, à l'heure du dîner,
votre couvert est mis à la table de votre hôte. C'est
une tradition : vous mangez de ce qu'il mange. Sa
femme s'assied auprès de lui. A côté d'eux, les
étrangers se placent à leur guise.

L'hôtesse est une paysanne délurée, toute petite,
toute ronde, affairée, ayant le verbe haut, gourman-
dant sans cesse les domestiques et les ouvriers,
aimant le bruit qu'elle fait, mais bonne au fond et
serviable à tous les besogneux, malgré ses instincts
de fourmi rapace.

Lui est trapu, large d'épaules et de hanches, bien
râblé, blond avec un teint hâlé, une barbe d'un
jaune indéfinissable et des yeux bleus fort doux. Si
on ne lui fait pas d'avances, il garde le silence avec
un air de regret visible; mais pour peu qu'on s'y
prête, il parle et ne tarit plus. Il vous raconte son
histoire pour la centième fois.

Elle est connue, l'histoire du père Castagné ! Il
la répète à tout venant. C'est son orgueil, c'est sa
gloire. Songez donc ! Il est devenu propriétaire ! Sa
terre, dit-on, vaut cent mille francs. Sa terre à lui !

Ah! monsieur Zola, si vous entendiez ce paysan, un vrai, celui-là, quel document pour vous!

Il entame régulièrement son récit ainsi : « Je me nomme Castagné, Augustin. Ma mère m'appelait Gustin, mais mon père disait Castagné parce que j'étais l'aîné... » Et il dit cela avec un accent inimitable, tenant à la fois du Provençal et de l'Auvergnat.

Au reste, cette histoire vaut la peine d'être contée; la voici :

« La famille Castagné possédait au Grand-Noyer, sur le chemin d'Uzès, pas loin de Nîmes, un lopin de terre attenant à une habitation tombant de vieillesse. Le père, la mère et huit enfants vivaient dans la maison avec les produits du terrain. Je vous parle de trente ans. Chaque jour, le vieux Castagné suait, plié en deux, la bêche en main, pour arracher au sol les légumes qu'on allait vendre à la ville. Il fallait qu'il nourrît tout son monde. Et les enfants avaient les dents longues! Il est vrai que l'été on se gavait de melons et que l'hiver on se bourrait de châtaignes. On attrapait ainsi le bout de l'an. Augustin, notre héros, travailla avec le père jusqu'au jour où le sort l'envoya à la caserne. Quand il revint, il trouva ses frères grandis et sa place, auprès du vieux, prise par le cadet. Il comprit qu'il n'y avait pour lui ni du pain, ni du travail à la maison. Le même jour, après

le souper, il prit son père à part et lui parla : « Ici, il
n'y a pas assez de terre pour toute la nichée, je vois
ça. Et de la terre, à nous, il nous en faut, comme il
faut de l'eau au poisson. On m'a dit au régiment
qu'il y a, delà la mer, des arpents et des arpents en
friche, sans travailleurs. Il manque des bras à la
Guyane. Or, les miens me démangent. J'ai une
honte de les voir là tout ballants. Si je m'en allais
par là-bas planter mes choux ? Vous savez que l'envie
me tient d'épouser la Miette, la fille au tisserand. Pas
d'argent, mais de l'honnêteté, du courage et un brin
de sûre affection pour moi. Si vous ne dites pas non
et si la mère est d'accord, je l'épouse, je fais mon
paquet et je décampe avec elle, à la grâce de Dieu. »

Ce qui fut dit fut fait. Le tisserand vendit sa
vache pour donner à sa fille trois cents francs de
dot. La mère Castagné prit la dot, la mit religieuse-
ment au fond d'un bas, y ajouta deux cents francs,
tout l'argent de son armoire, le ficela solidement,
embrassa la Miette et Gustin avec des sanglots, leur
dit adieu et s'en alla chez le desservant faire dire une
messe pour eux.

Grâce au maire de Nîmes, un passage pour
Cayenne leur fut accordé, à titre d'émigrants. Ils
partirent, le cœur gros, sans regarder derrière eux,
pour ne pas pleurer en laissant le pays. En mer, sur
le pont, à l'avant, ils avaient toujours les yeux fixés

sur l'horizon, regardant au loin avidement vers la terre promise. A La Guadeloupe, ce fut pour eux un enchantement : des bouquets d'arbres verts jusqu'à l'horizon; pas un pouce de terrain que les plantes n'eussent envahi. Cette fertilité les grisa. Ils auraient voulu descendre à terre, voir cela de près, marcher dans cette verdure, presser cette herbe à pleines mains et aspirer cette montée de sève.

A Fort-de-France, le bateau fit escale. Ils débarquèrent, et, sans s'attarder dans la ville, ils prirent le premier chemin venu pour aller dans les champs. Leurs yeux n'étaient pas assez grands pour tout voir et tout embrasser. C'était au mois de janvier. Les manguiers étaient en fleurs, comme les marronniers, dans le Gard, au printemps. Les arbres à pain, à travers les dentelures de leurs larges feuilles, montraient des fruits plus gros que les melons de Cavaillon. Les cocotiers laissaient pendre leurs régimes de noix énormes. Partout, des arbres géants, des fruits inconnus, des fleurs étranges : des palmistes, des calebasses, des flamboyants. Et puis des savanes sans fin d'où débordait sans culture une herbe drue, et haute et vigoureuse.

Ils marchaient, les yeux ravis de cette troublante fécondité. Lui ramasse une petite motte de terre : « Ah! la belle terre! dit-il; elle est noire, friable, sans pierres! »

— « Oui, reprenait sa femme, noire et sans pierres ! »

Il la pressait et l'émiettait dans ses doigts. Il la faisait passer d'une main dans l'autre. Cela lui donnait des frissons dans tout le corps. Il en aurait mangé, pour en connaître le goût : « Ah ! coquine de terre ! les belles pommes d'amour qui pousseraient là ! »

— « Oh ! oui, les belles pommes d'amour ! répétait Miette. »

Et tous deux, en parlant ainsi, revoyaient dans leurs souvenirs les pommes d'amour du pays, grosses, rouges, luisantes, bien en chair, parfumées et fraîches.

— « Cette terre me tient, dit-il enfin ; si nous restions ici ? »

— « Tu es le maître, répondit la jeune femme ; on travaille partout. »

Et aussitôt nos deux voyageurs vont frapper à la porte d'une habitation de bonne apparence, avoisinant la route, racontent leur odyssée, offrent leur bonne volonté et leurs bras. On les accueille ; le marché se conclut. « Juste le temps d'aller chercher ma malle et je reviens. Attends-moi là, Miette. »

Cela dit, notre homme disparaît et bientôt après revient, portant sur sa tête une malle qui renfermait ses hardes et les nippes de sa femme, et sous son

bras une petite caisse contenant toutes sortes de
graines récoltées au pays.

En un tour de main, il s'installe et range ses
affaires ; puis avec précaution il ouvre sa caisse,
s'assure que tout est en bon état, aligne ses paquets
de graines sur une table : graines de carottes, graines
de choux, graines de tomates, de navets, de radis,
d'oignons, de salades de toute sorte, et même des
graines de violettes pour les bordures ; et il songeait :
Comme tout cela va pousser, grandir, devenir énorme
avec une pareille terre ! Pas besoin de fumier. De la
pluie à souhait ! Du soleil à volonté ! Un paradis !
Coquine de Martinique !

Dès le lendemain, il se mit au travail. Le maître
le laissa faire. Il se tailla sur la savane un jardin
potager auprès de l'habitation. Et le voilà défrichant,
bêchant, préparant ses terres. Et puis, prenant ses
graines, il se met à semer, à semer, par carrés,
avec fièvre, impatient de tout voir sortir. Il travail-
lait durant la nuit, par la fraîcheur, au clair de
lune.

Cependant il eut des mécomptes. Ces diables de
saisons ne se succédaient pas comme en France. Il
était ahuri par ce satané soleil qui chauffait la terre
à blanc et par ces averses soudaines qui noyaient et
lavaient les carrés en un instant. Cela le dépaysait.
Toutefois, les salades vinrent, les radis aussi ; même

les tomates; mais il n'obtint pas les belles poussées qu'il espérait.

Avant le jour, la Miette, pieds nus, chargeait les légumes sur sa tête et les portait à la ville avec les négresses du voisinage. Au marché, on se disputait les pommes d'amour de Castagné.

En somme, tout marchait à souhait dans l'habitation; et le maître était content de ses deux valets. Mais Castagné poursuivait son idée; il avait dans sa caboche quelque chose de fixe; il voulait pour lui, pour lui tout seul, ces arpents de terre, de cette terre noire, friable, sans pierres, qu'il rêvait autrefois et qu'il tenait maintenant sous sa bêche. Et pour cela il économisait, il amassait avec entêtement. Sans distraire un sou, il mettait ses gages et ceux de sa femme dans le bas où attendaient encore intacts les cinq cents francs que la mère Castagné y avait ficelés. Et peu à peu, le bas s'emplissait et se gonflait.

Au bout de quatre ans, Castagné, un soir, avant de se coucher, après avoir fermé portes et persiennes, ouvre sa malle, toujours cadenassée, y prend le magot dans le fond, étale sur la table tout son avoir, puis, à voix basse, il dit à sa femme :

« A quelques kilomètres d'ici, dans les hauteurs, vers Balata, se trouve une petite terre que je guigne depuis longtemps. L'eau n'y manque pas. Il y a une

MARCHANDE D'HERBES AROMATIQUES
FUMANT LA PIPE

(D'après une photographie)

case suffisante pour nous deux. Il faudra payer le
terrain et la maison, payer l'acte, meubler la case,
construire un hangar, acheter une brouette, des
bêches, des râteaux. Tout notre argent y passera.
Mais aussi nous tiendrons la terre, entends-tu bien ?
Ce sera la terre des Castagné ! » Et en parlant ainsi
sa voix s'échauffait : « Comme je vais la défricher,
la mettre à nu, l'empêcher de dormir, lui tourner
et lui retourner le corps, lui remplir le ventre de
bonnes graines, pour qu'elle se gonfle d'aise et que,
pour avoir été chaudement saboulée, elle me donne
cent pour cent en retour. Quelle portée ! Coquin de
sort !

Or, Castagné est aujourd'hui propriétaire. Ses
légumes sont les plus recherchés du marché. Il a
réussi à produire des artichauts, des petits pois, des
asperges, des fraises. Il a planté des cacaoyers, des
vanilliers, des caféiers. Il a une réputation : on vient
chez lui de tous les coins de l'île ; il héberge ; cela lui
rapporte gros. Mais il ne se laisse pas griser. Il travaille toujours avec ses ouvriers, saboulant sa terre,
comme il dit. Sa femme se rend encore au marché,
non plus à pied, mais dans une carriole traînée par
une jument incapable de s'emporter. Tous les deux
ans, il retourne en France, mais pas pour longtemps.
Il est rappelé, attiré par sa terre. Elle lui manque.
Loin d'elle, il est inquiet ; sans elle, il se sent amoin-

dri. « Elle me tient, répète-t-il. » C'est vrai; il ne
pourra jamais la quitter. C'est là qu'il sera enseveli,
dans ce sol nourricier, noir, friable, sans pierres.

Il n'a pas d'enfants. Il se console en disant :
« Les enfants, au jour d'aujourd'hui, sont dissipés,
dépensiers, casseurs d'assiettes. Ils mangent l'argent
que les parents ont péniblement amassé. Si j'en
avais, ils me mangeraient peut-être ma terre. »

La terre de Castagné! Malédiction!

IV

DE SAINT-PIERRE A FORT-DE-FRANCE. — LA COTE

Départ du bateau. — Saint-Pierre à six heures du matin. — La
côte s'ouvre. — Les rochers et les anses. — Le Carbet et ses
cocotiers. — Case-Pilote et Case-Navire. — La rade de Fort-
de-France à l'arrivée du bateau.

Ce matin, à six heures précises, avant le lever du
soleil, le bateau qui fait le service de Saint-Pierre
à Fort-de-France a sifflé, lâché ses amarres et quitté
l'appontement en glissant sur une mer de bistre où
le vent du matin faisait passer déjà des frémissements de fraîcheur et des mouvements de réveil.

La ville de Saint-Pierre[1], tournée vers l'Occident,
s'étend le long du rivage, à plat, et n'offre aux yeux
qu'une ligne de maisons ternes, basses, sans caractère, s'enfonçant peu à peu, à mesure que le bateau
s'éloigne, dans la brume bleue du matin.

Derrière la ville se dresse à pic un mur de verdure, comme un vaste écran, qui la protège mais
l'empêche de s'étendre en largeur. C'est un mont

---

1. Voir gravure, page 51.

rocheux, haut de deux cents mètres environ, qui se prolonge en deçà de la ville, sur la côte, vers le Carbet. Les arbres y poussent dans chaque crevasse; sur chaque saillie les plantes se dressent, grimpent et s'accrochent à chaque anfractuosité; les lianes s'y croisent en tous sens, relient les arbres du bas à ceux du haut et semblent leur donner la main; puis arrivées au sommet de l'immense mur vertical, ne trouvant plus de point d'appui, elles retombent dans le vide en franges verdoyantes comme des branches chevelues de saules pleureurs.

Notre bateau, sorti de la rade, suit la côte en se dirigeant vers le sud. Saint-Pierre a disparu derrière nous. Le mur verdoyant qui domine la ville s'est arrêté brusquement. Alors la côte semble s'ouvrir, s'illuminer et découvre un lointain et des profondeurs à demi entrevus dans le brouillard matinal.

Le premier bourg que l'on rencontre au sud, en quittant Saint-Pierre, c'est le Carbet. Un sentier unit les deux villes, serpentant le long de la côte, à travers la verdure, se perdant sous les roches puis reparaissant sur la plage. Il est fort animé dès le matin, cet étroit sentier, suivi par les négresses du Carbet qui se hâtent à grands pas vers Saint-Pierre pour vendre de bonne heure le lait de coco dont les Créoles sont extrêmement friands. Du bateau on les voit courir, pieds nus, leur robe relevée jusqu'à mi jambe, portant sur leur tête des baquets en bois, appelés ici des *traits*, et remplis de noix de coco encore enveloppées de leur coque verte.

Ce sentier s'étend comme un ruban capricieux entre la mer et un chapelet de collines courtes et basses, détachées les unes des autres et formant la côte. Ces collines, égrenées ainsi, sont toutes vertes. Quelques-unes sont coupées à pic, du côté qui regarde la mer, et étalent une roche bleutée et luisante qui se crève çà et là pour donner passage, à travers ses fentes, à des poussées de verdure et à des jets d'arbustes vivaces. Au bas de leurs parois verticales s'élancent hors du sol des arbres levant la tête et les bras, comme pour atteindre les lianes et les branches qui pendent du sommet de ces roches fertiles, couronnées, sur leurs croupes, de manguiers et de bananiers aux larges feuilles.

Dans l'intervalle des collines, l'intérieur de l'île nous apparaît par échappées. On aperçoit au loin des champs de cannes à sucre, des bouquets d'arbres touffus et plus loin des sommets encapuchonnés de vapeurs immobiles et formant au-dessus des pitons du Carbet de grands panaches lourds.

Voici *le Carbet!* L'approche du village est annoncée par une longue haie de cocotiers, alignés en bosquets, ombrageant le rivage sur un parcours de deux kilomètres et offrant le plus charmant aspect.

Le centre du bourg est composé d'un groupe de maisons rangées paresseusement autour d'une place. Là se trouvent l'école, la gendarmerie, la mairie et l'église dont on distingue de loin le clocher, aigu comme une aiguille et trouant un massif de verdure. Le reste du village, assez populeux et fort étendu, se trouve caché et comme enfoui derrière les cocotiers et sous leur ombre.

C'est un des plus beaux sites que j'ai jamais vus. Je crois qu'on n'en trouverait pas au monde de plus pittoresque, de plus original et de plus attachant. Comme je me suis senti loin de mon pays en le contemplant! Ce sont bien là les Antilles, ces îles convoitées, où mon imagination d'enfant me transportait, à la suite de Christophe Colomb, pendant mes années de collège! Quel spectacle enchanteur! Sous les cocotiers, toujours chargés de fruits, je distingue çà et là quelques cases dans l'ombre; le long du rivage, de grands filets étendus sèchent sur des piquets; des enfants tout nus, crépus et noirs, nous regardent passer et jouent avec les vagues; des barques à sec sont allongées sur le sable; des pêcheurs, hommes et femmes, poussent un canot à la mer. Je me demandais, sous le charme, si ce n'était pas là l'île de Robinson et les sauvages auxquels Vendredi avait si miraculeusement échappé. Or c'est la plus douce, la plus frugale et la plus inoffensive population de l'île.

Notre bateau vient de doubler le *Morne aux bœufs.*
Le Carbet se cache à nous et le mirage s'évanouit.

Nous glissons vers le *fond Capot,* en rasant la
côte, tantôt glissant dans l'ombre projetée par les collines, dont les ondulations se succèdent, tantôt, quand
une trouée se produit, inondés de lumière dans le
rayonnement du soleil levant. Nous côtoyons la
roche coupée à pic, renflée et ventrue par moments,
suspendue sur la mer comme si elle eût manqué de
base et ouvrant en dessous des cavités sombres où
les vagues s'engouffrent avec des murmures.

En un point, vers le *fond Giraumont,* ces falaises
s'enfoncent en demi-cercle et forment des anses silencieuses, à l'abri, où la mer laisse une langue de
sable à nu sur le rivage, au pied des roches. Les pêcheurs, dès l'aube, viennent y amarrer leurs canots
et y jeter leurs filets. Oh! le joli spectacle, mais trop
rapide, qui se développe sous nos yeux!

De *Belle-Fontaine* à *Case-Pilote,* la côte s'éloigne
et la baie s'enfonce. Notre bateau plus au large nous
donne maintenant un recul suffisant pour embrasser
un plus large horizon. Ce sont des chaînes de collines qui descendent, en s'échelonnant, du massif
central de l'île et viennent mourir au milieu des
arbres jusque sur le rivage. Au pied de ces collines,
entre elles et la mer, s'étend parfois une petite plaine
circulaire. On dirait l'immense arène d'un cirque

verdoyant dont la déclivité des collines forme l'amphithéâtre.

Là, tout est vert; mais quelle variété de teintes et quelle diversité de tons! Quelle gamme de nuances, depuis le vert minéral aux reflets bleus jusqu'au vert tendre de Véronèse! Au fond des ravins, dans l'ombre, sur la croupe claire des collines, sur les flancs ardents des pitons, ce sont des valeurs différentes dans l'intensité de la verdure. Le soleil levant, paraissant derrière les sommets, jette sur cette nature si riche l'éclat atténué de ses rayons obliques, glisse doucement sur les champs de cannes, fait resplendir la rosée sur les fougères et les hautes herbes et tire des étincelles du clocher de *Case-Navire* qui se dresse dans le lointain.

Bientôt la mer nous aveugle de ses ardents reflets. Le soleil nous enveloppe et flambe. Les plantes supportent ces rayons de feu sans en souffrir. Les Créoles peuvent les braver sans grand danger; mais les Européens ont toujours à redouter des insolations foudroyantes.

Nous avons déjà doublé la *Pointe des Nègres* et nous entrons dans la rade de Fort-de-France, laissant à notre gauche, nous dominant, la gracieuse habitation de Bellevue, et à notre droite le fort Saint-Louis dont la masse silencieuse et endormie s'avance dans la mer.

V

L'HOSPITALITÉ A LA MARTINIQUE

Où il est question d'Alphonse Daudet. — Arrivée d'un Français à
La Martinique. — Ses promenades matinales dans la campagne.
— La Capote. — Accueil et hospitalité d'un Créole. — Joies,
tristesses et deuil. — Inexplicable oubli. — Épitaphe.

Si Alphonse Daudet, qui réduit en si fine farine
le grain que lui apportent les Félibres des mas de la
Provence, m'ouvrait les portes de son moulin, je lui
donnerais pour la mouture quelques sacs de récolte
exotique. Je ne crois pas que M. Roumanille lui-
même, ce gai poète d'Avignon, lui ait jamais conté
récit qui vaille plus d'or que celui-ci. Écoutez : je le
répète tout uniment comme je l'ai entendu.

Un Français, léger d'argent, insouciant d'esprit et
d'humeur vagabonde, aborde à La Martinique. Il y a
bien quelque 30 ans de cela. Il s'arrête à Saint-
Pierre et fait porter sa petite malle en face du quai,
dans un hôtel borgne, fréquenté par les matelots.
L'hôtelier défiant exigea que le nouveau débarqué

soldât ses dépenses jour par jour et d'avance. Cette
défiance le navra; elle le rendit timide et sauvage. Il
ne rentra à l'auberge qu'à la tombée de la nuit; il
évita d'y prendre ses repas. Il errait dans la campagne, achetant des fruits sur les routes aux négresses
qui se rendaient au marché. Cette vie indépendante
lui remplissait la tête de soleil.

Tous les matins, dès l'aube, il allait à travers
champs, au hasard, à son caprice, se riant des obstacles, se moquant des vipères, heureux de s'enivrer
des parfums capiteux de cette nature débordante.
Un jour il prend par le Morne-d'Orange, par les hauteurs du Parnasse, et descend à travers la plaine du
Champ-Floré jusqu'à la *Capote*, en suivant des sentiers bordés de pommiers roses où les cicis et les colibris faisaient entendre le bruit de leurs ailes. La
Capote est une petite rivière bruyante comme un
torrent et fraîche sous l'ombre des bambous et des
fougères arborescentes. D'ordinaire on la passe à
pied sec en sautant de roche en roche. Ce jour-là,
grossie par les pluies, elle était en courroux et couvrait les roches de son écume. Notre vagabond en
suivit le cours et laissa derrière lui le Morne-Rouge
et la Montagne-Pelée.

De l'autre côté de la rivière, vers le village du
Macouba, s'étendaient jusqu'au sommet des collines,
des champs de cannes à sucre, tout hérissés de leurs

SAINT-PIERRE — VUE DE LA RADE FORAINE
(D'après une photographie)

panaches rosés et baignés par le soleil matinal. Ce spectacle radieux l'attira; il se décida à tenter le passage de la *Capote*. Et déjà il était entré dans le courant, lorsqu'il vit accourir vers lui du haut des champs bordant la rive opposée, un homme qui poussait des cris : « Il y a un danger, n'avancez pas. » Et en même temps cet homme appelait à lui des nègres qui travaillaient non loin de là. Ceux-ci, au moyen d'une forte corde tendue d'un bord à l'autre l'aidèrent à passer fort aisément. Quand il atteignit l'autre rive il était tout ruisselant.

— Soyez le bienvenu sur ma propriété, lui dit en lui tendant la main l'inconnu qui l'avait si spontanément aidé.

On le conduisit vers l'habitation située au centre même des champs de cannes; on s'empressa de lui donner du linge et des vêtements; on lui servit un déjeuner improvisé pendant que son hôte lui racontait son histoire :

« J'appartiens, lui disait-il, à une vieille famille créole; je suis veuf; j'ai deux enfants, une fillette et un petit garçon. Inès a quatre ans, Paul n'en a que trois. La propriété prospère; les cannes se vendent bien; tout marche à souhait. Mais depuis la mort de ma femme, je me sens bien seul. Tenez, ajouta-t-il, voici les deux orphelins! »

Une négresse entra, conduisant deux enfants

qui se tenaient par la main et qui vinrent vers l'étranger, sans gêne, avec un franc sourire.

Cette hospitalité, ce bien-être, ces jolis enfants
sans mère, tout cela l'émut. Une larme lui monta du
cœur aux yeux. Il prit les deux petits sur ses genoux
et ne put leur dire que ces seuls mots : « Mes bébés,
mes bébés ! » Ce mot frappa l'esprit des enfants qui,
dès lors, l'appelèrent : *papa-bé.*

D'ailleurs, personne ne lui demanda son nom ;
quant à lui, il ne songea pas à le donner. L'hôte
l'appelait son ami. Les noirs qui travaillaient aux
champs le désignaient entre eux sous le nom de
béké-capote.

Le soir de son arrivée, il trouva sa chambre
prête et son lit frais. Il s'endormit profondément et
ne s'éveilla que lorsque les enfants entrèrent bruyamment dans sa chambre pour embrasser *papa-bé.* Il
alla aux champs avec son hôte, lui donna quelques
avis, proposa de creuser des rigoles le long des
lignes de cannes pour l'écoulement des eaux, et de
chausser les pieds des tiges pour maintenir la
fraîcheur autour des racines. Il émit l'idée d'utiliser
comme engrais les résidus de la mélasse. On se
trouva bien de ses conseils.

Un mois s'était écoulé et il était encore chez son
hôte, toujours choyé, toujours fêté. « Puisque je
reste, dit-il un jour, je vais m'occuper des enfants ; je

serai leur instituteur. » Ce fut une joie ; il se mit à la
besogne. Il leur enseigea à parler, à lire, à écrire, à
compter. Il fit appel à ses souvenirs pour leur donner des leçons d'histoire et de géographie.

Au bout de dix ans, un soir après dîner, comme
les enfants, enveloppés d'une atmosphère de sérénité
heureuse, faisaient leur devoir et que les deux amis,
étendus dans un fauteuil, fumaient un cigare en les
regardant, le Créole s'écria tout à coup : « Dis-moi
donc, mon ami? Que venais-tu faire dans notre con-
trée, le jour où je t'ai aidé à traverser la Capote? »
Notre homme répondit simplement : « Il y a si longtemps de cela que je l'ai oublié. » Ce fut tout, on n'en
parla plus.

La jeune fille atteignit 17 ans. Un jour vint où
on la maria. Elle quitta l'habitation pour aller à Saint-
Pierre avec son mari. A la même époque, Paul fut
envoyé en France pour compléter ses études. Il y
eut un déchirement dans le cœur des deux amis.
Leur isolement les accabla. Pour la première fois,
une lassitude leur vint. Le Créole la surmonta bientôt,
mais son ami ne songeait plus qu'à fuir cette maison
et à rentrer en France. Il était pris d'un insurmon-
table désir de revoir son pays natal. Après de longues hésitations, il s'en ouvrit au Créole. Mais aux
premiers mots, celui-ci s'emporta : « Partir? me
laisser? s'écria-t-il, est-ce possible? Ce serait là une

mauvaise action. » L'autre s'excusa, balbutia, affirma
qu'il reviendrait. Mais le Créole exaspéré ne voulut
rien entendre. « Tu ne partiras pas, lui dit-il. Ce
serait une trahison, une lâcheté. Ce n'est pas pour
quelques jours que tu as franchi le seuil de cette
maison hospitalière. Qu'as-tu à me reprocher? Et
puis, que deviendrais-je sans mes enfants et sans
toi? » Après ces mots, il se retira dans sa chambre
sans serrer la main de son ami.

Pendant la nuit, celui-ci se demanda avec inquiétude, si réellement il avait bien le droit de partir et
de rompre tant de liens. Le lendemain il ne parla
plus de son projet, et, résigné, il resta. Mais il dépé-
rissait à vue d'œil. Tout était pour lui accablement
et tristesse.

Il se traînait à travers les débris de son passé
heureux. On rappela en hâte la jeune femme de
Saint-Pierre. Elle accourut : « Qu'as-tu, papa-Bé?
lui disait-elle en lui jetant les bras autour du cou. »
Il sourit à ces fraîches caresses. « Va, va, ajouta-t-
elle, je te réserve une surprise. C'est un secret. » Et
comme elle rougissait un peu, il comprit : c'était dans
quelques mois un petit enfant dont il serait le par-
rain. Cette espérance sembla le ranimer.

Mais quand la jeune femme fut repartie, la nostalgie le reprit. Quelques jours après, la fièvre
s'empara de lui. Il s'alita. Tous les soins furent

inutiles. Il mourut sans une parole, sans une plainte, en serrant doucement la main de son vieil hôte qui n'avait pas quitté son chevet.

Quand les premiers moments de la douleur furent passés, il fallut faire à la mairie la déclaration du décès. Alors seulement le vieux Créole s'aperçut, au bout de quinze ans, qu'il avait oublié de demander le nom de son ami.

On l'ensevelit sur le bord de la Capote à l'endroit même où, la première fois, il avait traversé la petite rivière. Sur sa tombe, creusée au milieu d'un bouquet de bambous, on inscrivit :

Ci-gît un voyageur !

Voilà ce que l'on raconte au village du Macouba.

VI

LA MONTAGNE PELÉE

Un étrange volcan. — Départ du Morne-Rouge. — Ascension du
premier mamelon. — Bégonias et framboises. — Les fleurs de
balisier. — Les nègres nous ouvrent un sentier. — Les choux-
palmistes. — Immense perspective. — La caravelle. — Les
brouillards de la croupe de la montagne. — Un lac sur un
volcan. — Déjeuner au bord du lac. — Retour sous la pluie.

La Montagne Pelée[1] est un volcan éteint. Son
cratère, dont les bords brisés sont formés de gigantesques dentelures aiguës, s'est obstrué, et l'orifice,
qui devrait être béant, est remplacé par un lac tranquille. Ce lac est alimenté par les brouillards aqueux
et lourds qui enveloppent presque toujours la cime de
cette montagne. J'avais, depuis longtemps, l'ardente
envie de gravir le mont, d'en atteindre le sommet et
de me rendre compte des merveilles dont on me
parlait sans cesse.

Nous sommes partis du Morne-Rouge[2] hier
matin, à cinq heures, au petit jour. Deux nègres,

1-2. Voir gravure, page 63.

armés de coutelas et portant nos vivres, ouvraient la
marche. Les guides nous étaient nécessaires pour
nous frayer un chemin à travers les bois où les
branches et les lianes obstruent en quelques jours
les sentiers et les rendent impraticables, pour nous
aider à franchir les crevasses et à nous glisser dans
le lit des torrents, enfin pour nous tendre la main
lorsque les roches à pic, lisses et glissantes, n'offraient
aucune saillie.

A un kilomètre du Morne-Rouge, nous avons
quitté la route et nous avons pris par les savanes, le
long d'un bois bordé par un talus sur lequel pous-
saient à merveille les bégonias roses. L'herbe est
toute bleue de la rosée du matin. Dans les savanes,
cette herbe fort haute nous vient jusqu'aux genoux.
Nous en sortons tout ruisselants. Le bois que nous
longeons, en contournant le morne de la Calebasse,
est planté de pommiers roses et de goyaviers. Les
goyaviers, qui sont chargés à la fois de fleurs et de
fruits, sont enlacés par des lianes qui unissent leurs
fleurs à celles de l'arbre qui les soutient et les nourrit.
Rien n'est gracieux comme cet harmonieux mélange
de fleurs hétérogènes, différentes de couleur et de
forme.

Tout à coup, sur notre gauche, le bois s'ouvre en
une large trouée et développe à nos yeux un admirable lointain, du côté de Saint-Pierre, avec des

collines irradiées par le soleil levant, et au delà, la mer des Antilles, bleue, sans brouillards, à peine moirée par la brise.

Après avoir laissé derrière nous le morne de la Calebasse, nous entrons sous bois. Alors commence l'ascension du premier mamelon qui sert de contre-fort à la masse centrale de la Montagne Pelée. La pente est douce. C'est moins un chemin que nous suivons qu'une allée accidentée, d'aspect sauvage, une espèce de couloir dont la voûte fraîche et verte est ornementée de bizarres festons. Les hautes bran-ches qui passent horizontalement sur notre tête et qui soutiennent, comme une charpente irrégulière, cette toiture de feuillage, sont parées de lambeaux de dentelle de mousse tombant en forme de franges découpées et effilochées. Elles sont si gonflées d'hu-midité qu'elles distillent continuellement des gouttes de pluie.

Sur les arbres de ce bois, aux embranchements, sont assis des choux parasites, larges et ventrus, vivant sur le tronc de sa sève, sans que l'arbre paraisse incommodé de la succion de cette végétation étrangère.

En sortant de ce bois sombre, nous entrons en vive lumière, au milieu d'une large étendue de ter-rain où poussent à foison des framboisiers sauvages, rouges de fruits. Les framboises portent leur duvet

et sont encore parées de perles de rosée. Courant de
bouquet en bouquet, à travers les ronces, nous
cueillons avidement, à nous en rassasier, ces fruits
au parfum un peu sauvage et à la fraîcheur exquise.

Puis nous reprenons notre marche et nous rentrons sous bois.

L'ascension devient plus difficile et plus pénible,
par un sentier à pic, à peine frayé, que nous gravissons en nous aidant des mains et des genoux, en
nous accrochant aux branches, aux lianes, aux
fougères, aux saillies des roches, en appelant à
notre secours les nègres qui nous servent de guides
et dont l'agilité à travers ces difficultés est extraordi-
naire.

Nous nous arrêtons, pour respirer un instant, au
milieu d'une véritable forêt de balisiers aux feuilles
immenses et tout en fleurs. C'est un vrai paradis que
cette forêt qui enveloppe une partie de la montagne.
Dans son *paradou*, Zola n'a rien rêvé de plus riche,
de plus vigoureux et de plus débordant. Les fleurs
du balisier, d'un rouge violent, sont énormes. Elles
se composent d'un pétiole ondulé jetant à droite et à
gauche des calices alternés, aplatis et s'évasant
comme des navettes placées les unes dans les autres.
Ce fouillis de feuilles d'un vert frais, aux reflets gris,
au milieu desquelles éclate le vernis sanglant des

VUE DU MORNE-ROUGE ET DE LA MONTAGNE PELÉE
(D'après une photographie)

fleurs, s'étend à perte de vue et offre un spectacle fort rare, même aux Antilles.

Nous voilà parvenus à la cime du contrefort. Au-dessus de nous se dresse la montagne elle-même. Après une courte halte nous nous remettons en marche. Des difficultés s'accumulent; le sentier disparaît sous les broussailles; les lianes nous barrent le chemin à chaque instant; des crevasses béantes menacent nos pas.

A coups de coutelas les nègres nous livrent un passage; ils abattent sans pitié d'immenses choux-palmistes dont nous fendons le tronc pour en manger le cœur composé de rubans d'un blanc laiteux et d'un goût fort délicat. C'est un aliment recherché à La Martinique.

Nous atteignons enfin, au bout de quatre heures de marche, la cime de la Montagne Pelée et nous émergeons au milieu d'arbres bas et rabougris que nous dépassons de la tête. Le ciel est nu; l'espace est sans bornes; c'est un des plus majestueux panorama qu'il soit permis de contempler. Nous sommes tournés vers le sud. Nos yeux embrassent à la fois l'Océan et la mer des Antilles qui baignent les deux flancs de l'île, à l'est et à l'ouest. La ville de Saint-Pierre est à nos pieds; derrière elle s'étalent des champs de cannes à sucre.

Dans cette nature, si tourmentée, plaines, mornes,

ravins, pitons se fondent en un harmonieux ensemble. Là-bas, à notre gauche, la baie de la Trinité resplendit avec une mer un peu houleuse, et plus loin s'étend paresseusement dans la mer la presqu'île de la Caravelle, ourlée d'écume et étincelante sous les rayons du soleil.

Ce n'est pas sans peine que nous nous arrachons à ce spectacle. Nous avons encore un kilomètre à parcourir avant d'arriver au centre même de la croupe de la montagne où se trouve l'ancien cratère. Nous rentrons sous l'ombre et nous nous perdons dans les brouillards. La terre du sentier est détrempée et trouée de flaques d'eau où nos pieds s'enfoncent. Les brouillards, presque continuels en cet endroit, s'accrochent à la cime des arbres, les inondent de leur humidité et font dégoutter une pluie ininterrompue. Nous sommes dans une forêt de goyaviers dont la verdure sombre est relevée par la teinte rose des bégonias qui poussent jusqu'au sommet de la Montagne Pelée. On n'y entend que le bruit des gouttes de pluie sur les feuilles humides et les trois notes pures, détachées, que pousse, à intervalles réguliers, le siffleur des bois, le seul hôte de ces sommets déserts.

Enfin, nous sortons brusquement de l'humidité et de l'ombre et nous poussons un cri de surprise. Nous nous trouvons au bord d'un joli lac, immobile comme un miroir circulaire et mesurant environ deux cents mètres de diamètre. Il est bordé d'un fin gazon et de mousse de velours, entouré et dominé par des pics brisés, formant comme les bords ébréchés d'un vase gigantesque.

Le point le plus élevé est appelé le *tertre de la croix*. Il regarde le sud; une croix est plantée à son sommet. C'est un but de pèlerinage.

Un coup de vent chasse un instant les brouillards, et le soleil, glissant le long des parois évasées des tertres circulaires, vient éclairer la surface tranquille du lac. Mais sous cette caresse, rien ne s'éveille. Tout reste immobile et muet. — Les eaux du lac étaient si fraîches et si claires qu'elles m'ont invité à m'y baigner. Le lac est peu profond. Son lit est formé de sédiments de feuilles sèches, de branchages poussés par les vents ou charriés par les orages, de pierres et de terre roulant du haut des tertres. C'est ainsi que peu à peu le cratère s'est fermé et que les eaux, qui d'abord se perdaient dans les flancs de la montagne, se sont arrêtées et ont formé un lac.

Nous avons déjeuné là, au bord de l'eau, assis sur des troncs d'arbres, regrettant de ne pouvoir nous étendre, à cause de l'humidité, sur le gazon et sur la mousse. Vers une heure du soir, nous avons songé au retour.

La descente s'est effectuée sous une pluie battante.

Elle a été pénible, longue et dangereuse. Nous sommes enfin arrivés au Morne-Rouge avec nos souliers boueux, crottés jusqu'au cou, trempés jusqu'aux os, harassés de fatigue, mais la tête rayonnante et toute remplie des merveilles dont nous avions pleinement joui.

VII

LE CARNAVAL DE SAINT-PIERRE

Peuple en joie. — Une étrange mascarade. — La fête s'organise.
— Le défilé commence. — Gamins des rues. — Danse des
femmes. — Un bizarre musicien. — Bacchanale. — Chants de
joie. — Indulgence de l'église. — Le vacarme finit sans orage.

La ville de Saint-Pierre est en joie. Elle s'apprête
à fêter le dernier jour du carnaval, qui dure depuis
plus de deux mois. Car ici, à partir du jour des Rois,
tous les dimanches, le peuple s'amuse en plein soleil
avec un entrain débordant. Aujourd'hui, avant de
dire adieu à ces joyeuses folies, chacun veut, encore
une fois, prendre sa part de la ripaille du Mardi-Gras.
Hommes, femmes, jeunes filles, enfants, toute la
ville va participer à la fête. C'est le carnaval du
peuple, le carnaval d'un peuple enfant.

J'ai été témoin du carnaval ensoleillé de l'Italie
dans diverses villes; je l'ai admiré à Nice dans toute
sa splendeur; j'ai assisté au carnaval sans façon des
petites communes de France et aux déguisements

froids et guindés des grands centres, avec leurs
chars, leurs défilés, leurs cortèges historiques.
A Alger, je l'ai vu se traîner mélancoliquement de la
rue Bab-Azoun à la rue Bab-el-Oued. J'ai vu le carnaval de Paris, émoustillant son ennui dans le
champagne à l'Opéra, tapageur à Bullier et accla-
mant la bière mousseuse, débraillé dans les bals de
barrière et célébrant le petit bleu. Partout c'est le
carnaval des blasés, des désœuvrés et des jouisseurs;
c'est de la joie de commande; ce sont des plaisirs
achetés à prix d'argent; ce sont les amusements des
riches.

Rien de tout cela ne ressemble au carnaval de
Saint-Pierre. Ici, la ville entière est descendue dans
la rue; la ville entière a pris le masque; elle chante,
elle danse, elle agite ses grelots. Jamais les satur-
nales à Rome, jamais en Grèce, les bacchanales
n'ont offert un pareil spectacle; jamais la fête des
fous, au moyen âge, n'a étalé ce débordement de
joie. L'imagination ne peut rêver de semblables folies
humaines, un délire aussi envahissant, une pareille
marée de gaietés écumante et montante.

Vers deux heures, la fête s'ouvre; et jusqu'à la
nuit c'est un flux et un reflux incessant. La foule des
masques descend du *Fort*, le plus haut quartier de
la ville, jusqu'au *Mouillage*, qui est la partie basse
de Saint-Pierre, puis remonte du Mouillage au Fort,

à travers la rue Victor-Hugo. Mais c'est d'abord au centre de la ville, à la batterie d'Esnotz, que le rendez-vous est donné. C'est là que tous les quartiers déversent leurs masques. Là, les groupes se forment, se rangent au milieu des appels aigus et des cris de ralliement.

Sur cette foule bigarrée et étincelante d'oripeaux et de clinquant, le soleil flamboie; et, sous les rayons qu'il darde, les têtes s'échauffent et s'allument. Des chants discordants partent, de çà, de là, comme des fusées. Des trépignements d'impatience agitent les groupes frémissants des femmes.

Cependant la tourbe grossit; les flots poussent les flots; la houle monte; bientôt cette mer gonflée gronde et le débordement commence.

En tête roulent des vagues de gamins des rues, en guenilles, entourant une espèce de géant déguisé en diable cornu, qui marche d'une allure rapide et égale. Ils le suivent en frappant leurs mains l'une contre l'autre et en répétant en chœur je ne sais quoi, sur un rythme court et heurté, en réponse à un cri poussé par le diable à intervalles égaux. Cette bande se précipite en torrent du haut de la ville, emplissant la rue, les trottoirs, les ruisseaux, se heurtant, se bousculant, s'étouffant, mais sans cesser de crier et de frapper des mains en cadence.

Puis ce sont d'interminables files de femmes

de toutes les tailles et de tous les costumes,
rangées l'une derrière l'autre, chantant à l'unisson
une phrase incessamment répétée, et dansant à ce
chant avec un balancement rythmé du corps et un
mouvement de polka en avant.

Mais ce qui est vraiment étrange et original, inouï
et inénarrable, c'est la cohue d'hommes et de femmes, de groupes et de masques isolés, qu'entraînent
à leur suite quelques nègres musiciens, tassés dans
une espèce de tombereau conduit par un âne. Ces
nègres jouent de la flûte en dodelinant de la tête,
tandis qu'un grand gaillard crêpu frappe rageuse-
ment avec ses mains sur un tambour, formé d'un
petit tonneau défoncé aux deux bouts et dont les
fonds sont remplacés par des peaux tendues à l'aide
d'une simple corde. Leur musique est assez semblable à celle qu'on entend à Alger dans les cafés
arabes, à travers les rues de la Casbah. C'est une
mélopée plaintive, à phrase tombante et reprise sans
intermittences avec quelques légères variantes.

Au son de cette musique, l'innombrable cortège
des hommes et des femmes marche en mesure, se
tenant par la main, se donnant le bras, se séparant,
s'unissant, se rapprochant, selon les mouvements de
cette danse accidentée, au milieu des cris, des chants,
des rires, dans un déhanchement endiablé, dans une
ivresse sans frein. Ah! ce n'est pas le carnaval des

riches ! C'est le vrai peuple chez lui, souverain dans la rue, en fête extravagante, en joie débraillée ; c'est la mascarade étourdissante, c'est le parfum du tafia, c'est le ruissellement du soleil, c'est le bruit, c'est le tapage, c'est le vacarme, c'est la tempête, ce sont les vagues déchaînées d'une mer en rut.

Et de ces corps humains en ébullition, monte une vapeur moite de respiration, une odeur âcre de chair bouillante, quelque chose d'innommé qui vous prend à la gorge, vous enveloppe, vous pénètre et vous soûle. A ce bruit, à ces cris, à ce rythme, à cette odeur, les passants sont souvent pris, enlevés et entraînés au milieu de cette sarabande en délire.

Souvent, sur les trottoirs, quelques filles retenues par des scrupules religieux et craignant la colère du confessionnal, se contentent de regarder passer la fête. Mais il arrive, comme je l'ai vu, que ces spectatrices, excitées par leur nature ardente, séduites par la musique et par l'exemple, tentées du démon, se lèvent, frissonnent et finalement se lancent dans la rue et se perdent dans le tourbillonnement général.

D'autres groupes surviennent, bras dessus bras dessous, répétant un refrain convenu qui les anime et les échauffe. Ces refrains sont différents : ce sont tantôt des airs folichons, tantôt des soupirs d'amour, tantôt même des plaintes navrantes. Ainsi croirait-on que des groupes de jeunes filles redisent sans cesse

avec des gestes et des mouvements de bacchantes :
« *Maman, moin lé mo! Maman, moin lé mo! Moin
pas ni l'agent pou téré moin*[1]. »

Il est vrai que le groupe suivant chante à tue-
tête : « *Moin ké cassé code au soué a*[2]! » Allusion
transparente à leur envie de jeter leurs madras par
dessus les pitons. Il y en a qui le font comme elles
le disent.

Au reste, rien ne les surchauffe comme ces chants.
Et lorsque la fatigue a jeté des masques sur le trottoir, essoufflés, moulus et ruisselants, si un nouveau
groupe survient, chantant et dansant, aussitôt ils se
redressent, se secouent et bondissent au milieu des
nouveaux danseurs qui passent.

Et quelle franchise, quelle bonne humeur dans
cette gaieté spontanée et communicative! Ah! la
police peut dormir en paix! Pas une rixe dans toute
cette foule, pas un cri de colère. Tout est à la joie.
Cette fête n'a pas une ombre. On rencontre bien, çà
et là, portés au haut d'une perche, des mannequins
représentant quelques personnages influents, mais
ces malices ont un caractère si bon enfant que ceux-ci
sont les premiers à en rire. On entend bien certains

---

1. Maman, je veux mourir! Maman, je veux mourir! Mais je n'ai
pas de quoi me faire enterrer.

2. Je vais casser ma corde ce soir.

TYPE DE LA NÉGRESSE DE LA MARTINIQUE

(D'après une photographie)

refrains créoles qui contiennent des allusions iro-
niques à la politique courante, mais toutes ces boutades sont sans fiel, et ne soulèvent ni protestations,
ni rancunes.

L'Église elle-même se montre tolérante et, se
souvenant que ces réjouissances sont nées dans son
sein, elle ferme les yeux avec bienveillance.

Enfin quand tombe la nuit et que l'heure du
souper a sonné, les groupes se dispersent et rentrent,
et le calme s'étend sur la ville. Mais l'impression que
cette fête m'a donnée a été si vive que, longtemps
après que le silence de la nuit avait empli la rue,
ma tête bouillonnait encore et mon imagination
faisait tournoyer devant mes yeux des rondes effré-
nées de masques qui venaient, comme un fleuve
grossi, déborder sous mes fenêtres.

J'ai quitté mon lit et, prenant ma plume, j'ai
essayé de rendre ce que j'avais vu, entendu et
éprouvé.

VIII

PROVERBES CRÉOLES

Vieilleries démodées. — Proverbes rajeunis. — Originalité des dictons créoles. — Leur naïveté. — Où le proverbe se montre plein de douce malice. — Railleries sans fiel. — Ce qu'il faut penser de la langue créole en général.

La langue créole a ses proverbes comme toutes les langues. Et je me hâte de dire qu'ils ont ici une allure juvénile, originale et bizarre qui forme contraste avec la marche lourde et la mise prétentieuse et démodée des proverbes français. Je n'aime pas les sentences en général. Elles ont un air outrecuidant qui offusque. Cette impression date de ma jeunesse. Elles me produisaient l'effet de ces bourgeois enrichis qui étalent leur fortune avec jactance. Et puis M. Prudhomme en émaillait sa conversation. Il cite des banalités sentencieuses comme les pédants citent des vers de Boileau. C'est une monnaie courante qu'on trouve dans toutes les mains. Si d'un côté Boileau est tombé en discrédit avec quelque raison,

si de l'autre les proverbes ne forment plus que le bagage des pauvres d'esprit, cela tient un peu à l'abus
qu'en ont fait les pédants et les sots. Aujourd'hui on
ose à peine emprunter ces maximes vulgaires. Si on
le fait, on s'en excuse. C'est un prêt dont on a quelque
honte.

On a été même jusqu'à jeter le ridicule sur la
Sagesse des Nations. On a choisi les proverbes les plus
connus et on les a affublés de si risible façon qu'il
est désormais interdit de s'en servir sans s'exposer à
provoquer les rires :

> « Ce qui est différé n'est pas perdu. »
> « Qui trop embrasse mal étreint. »
> « L'union fait la force. »
> « Les extrêmes se touchent. »

Toutes ces vieilleries ont eu un regain de jeunesse par la transformation burlesque que quelque
esprit rabelaisien leur a fait subir dans un accès de
joyeuse humeur. Mais du même coup c'en était fait
de l'autorité et du crédit qui s'attachaient à ces formules de bon sens bénin et à ces vérités émollientes.
Est-il en effet permis de se servir de ces proverbes
après qu'ils ont été bafoués sous un pareil dégui-
sement :

« Ce qui est *digéré* n'est pas perdu ; »
« Qui trop embrasse *manque le train ;* »
« *L'oignon* fait la *farce ;* »
« Les extrêmes se *mouchent.* »

En langue créole ils ont un tout autre visage. Ils marchent d'un pas gouailleur. Ce n'est pas la sagesse guindée qui donne une leçon, c'est la gaieté de bon aloi, c'est la raison saine, c'est l'esprit pétillant qui se donne carrière. Le peuple a rencontré une formule nette pour traduire son idée avec plus de relief, et il s'en sert, mais sans pose, sans produire d'éclat et sans viser à l'effet. Aussi toutes ces citations ne vont pas sans un geste, sans un éclat de rire qui leur donne une saveur sauvage. Le proverbe jeté au milieu d'une causerie vivante, agrémenté d'un geste et d'un rire donne du poids à la pensée, sans l'alourdir. Les petits oiseaux emportent des pierres avec leurs pattes pour que dans leur vol ils puissent offrir plus de résistance au vent. On procède de même pour les phrases ailées du langage créole.

N'allez pas croire que les proverbes locaux soient une plate traduction des proverbes français. Tout au plus si l'inspiration y est quelquefois sensible. Pour moi je ne crois pas à ces emprunts prémédités. Le peuple était trop naïf et trop enfant pour s'approprier des guenilles qui sentaient la poussière des siècles.

Code gname marré gname

La liane de l'igname sert à attacher l'igname.

Cela fait-il penser à notre dicton : « Il s'est pris dans ses propres filets ? »

Jadin loin, gombo gâté.

Quand le jardin est loin, le gombo se gâte.

Qui songerait au proverbe si connu : « Les absents ont toujours tort ? »

Les pêcheurs sont nombreux à La Martinique. Quand ils ne prennent que du menu fretin, ils se consolent en disant :

Mié vaut yon balaou jodi là qu'taza dimain.

J'aime mieux un balaou (éguillette de mer) aujourd'hui, qu'un tazard demain.

C'est passé en proverbe. Est-ce là une traduction de : « Mieux vaut tenir que courir ? »

Nous répétons en France :

« Qui se ressemble s'assemble. »
« Un bienfait n'est jamais perdu. »

On dit ici :

Toutt milett ni gran zoreille.

Tous les mulets ont de grandes oreilles.

Ça ou pédi nen fé, ou ké trouvé nen sann.

Ce que vous avez perdu dans le feu, vous le retrouverez
dans les cendres.

S'il y a là une adaptation, il faut reconnaître
qu'elle est lestement troussée. La mise à neuf est faite
de main de maître.

Il est toutefois nécessaire de remarquer que dans
la langue créole il s'agit plutôt de dictons, de phrases
faites, de formules trouvées, que de proverbes pro-
prement dits.

Un nègre à jeun peut-il faire à un béké qui l'excite au travail une réponse plus spirituelle et plus
concluante que ce dicton populaire :

Sac vide pas ka tienne douboutt.

Un sac vide ne tient pas debout.

Si un innocent paie pour un coupable, on se
contente de dire avec résignation :

Cabritt boué, mouton sou.

Le cabri boit le mouton est saoul.

Au reste, le mouton et le cabri jouent un grand
rôle dans les sentences locales :

Zaffé cabritt, pas zaffé mouton.

Les affaires du cabri ne sont pas les affaires du mouton.

Li allé l'école cabritt, li ritouné mouton, etc.

Il est allé à l'école cabri, il est retourné mouton.

Quand on s'excuse auprès d'un Créole du dommage qu'on lui a causé, sans le vouloir, il vous répond en souriant malicieusement :

Padon pas ka guéri bosse.

Vos excuses ne guérissent pas la bosse que vous m'avez faite.

Quelle philosophie gaie dans cette phrase qu'on cite lorsque le bonheur vient trop tard :

Bon gué baille nouésette pou ça qui pas ni dent !

Le bon Dieu donne des noisettes quand on n'a plus de dents.

Il y a une grande finesse d'observation dans cette pensée qu'on retrouve chez nos vieux auteurs du moyen âge :

Ça zié pas voué, khé pas fé mal.

Ce que l'œil ne voit pas n'attriste pas le cœur.

Quelle expressive figure pour peindre la misère noire des affamés :

Cououi deié chien pour trappé zo !

Courir derrière les chiens pour attraper des os.

On rencontre de délicates images pour rendre des idées fort communes en français, comme : « Chacun pour soi. »

Chaque bête a fé Ka clairé pou name yo.
Chaque luciole (bête à feu) éclaire pour son âme.

Parmi ces dictons il y a des malices sans fiel contre les paresseux :

Li connaitt mangé farine, pas connaitt mangé nagnoc.
Il sait manger la farine mais ne sait pas planter le manioc.

Contre les bavards :

Bouche li pas ni dimanche.
Sa langue ne connaît pas le repos du dimanche.

Contre les orgueilleux :

Quand milatt tini yon vié cheval,
Yo dit négresse pas manman yo.

Quand un mulâtre se voit possesseur d'un cheval, il prétend que la négresse n'est plus sa mère.

Contre les vieillards qui font trop durer l'été de la Saint-Martin :

Vié tison prenn fé pis vite passé bois sec.
Un vieux tison prend plus vite feu que le bois sec.

Contre l'avidité :

> *Trop profi crévé poche.*
>
> Profit trop lourd crève la poche.

Contre les égoïstes :

> *Ça qui mangé zé pas save si quiou poule fé li mal.*
>
> Ceux qui mangent les œufs ne songent pas si la poule a eu mal au derrière.

Enfin contre ceux qui veulent tout entreprendre à la fois :

> *Chien tini quatt pattes, pas ka prenn quatt chimin.*
>
> Un chien a quatre pattes mais il ne prend pas quatre chemins à la fois.

Nous disons « rôtir le balai » en France ; ici on dit :

> *I ja brilé bambou eppis roseau.*
>
> Il a déjà brûlé bambous et roseau.

Les Créoles ont des réflexions d'une grande concision pour définir des situations morales délicates :

> *Dent pas khé,*

« Les dents ne sont pas le cœur » disent-ils lorsqu'ils veulent nous faire comprendre que le rire qui

BOSQUETS DE BAMBOUS

(D'après une photographie)

découvre les dents ne révèle pas les souffrances ca-
chées au fond de l'âme.

« Il faut se rendre mutuellement service. » Ils
ont trouvé pour rajeunir cette pensée une formule
très heureuse :

Yon main doué lavé lautt.

Une main doit laver l'autre.

En somme, cet idiome offre au chercheur une
mine inépuisable de ces pensées passant de bouche
en bouche, admises comme paroles d'évangile et citées comme d'irréfutables arguments. Je n'ai donné
que le dessus du panier. Celles que j'ai citées suffi-
ront amplement à mettre en lumière non seulement
le caractère de la langue, mais surtout la tournure
d'esprit de ceux qui l'ont créée et lui ont donné leur
empreinte originale.

Ce qui nous frappe tout d'abord, c'est la bonne
humeur, l'esprit rieur, l'innocente malice des Créoles.
Il n'y a dans leurs proverbes aucune plainte, aucun
regret, aucune dureté, aucune rancune. Il y règne
une insouciance heureuse, une philosophie avenante
qui nous séduit. Si on rencontre çà et là quelques
railleries, elles nous désarment par leur air bon enfant. Ni calcul, ni apprêt, ni recherche. Tout cela est
naturel et primesautier. La pensée est spontanée, et

la forme, improvisée comme elle, se pare d'images imprévues. Aussi l'accord est parfait entr'elles. Les mots et les images enveloppent l'idée sans la gêner.

Quand on connaît la langue d'un peuple, on connaît ce peuple, a-t-on dit. Cette pensée, appliquée aux Créoles de La Martinique et à leur langue, est d'une justesse éclatante.

IX

DE FORT-DE-FRANCE AU GROS-MORNE. L'INTÉRIEUR DES TERRES

Mornes et volcans. — Les palmistes des Sabians. — Le fond de la baïe de Fort-de-France. — Les accidents de la route. — Le lait de coco. — Étranges racines. — Un champ de cannes en flèche. — Arrivée au Gros-Morne.

De Fort-de-France au Gros-Morne, il y a une distance de 24 kilomètres, de l'ouest à l'est, vers l'intérieur de l'île, par un chemin accidenté de surprises de terrain. Ce village est bâti sur la croupe large d'une colline élevée, presque une montagne, aux flancs verts, appelée ici *morne*. Ces mornes sont nombreux dans cette île toute bossuée de monticules et de pitons.

A La Martinique, en effet, il n'y a pas de plaines, si j'excepte quelques bas-fonds marécageux vers le sud. Quand on regarde, du haut d'une cime, cette multitude de mamelons se coudoyant de tous côtés, on se croirait en présence d'une gigantesque ébulli-

tion de matières dont les bouillons se seraient brusquement refroidis, solidifiés, et plus tard recouverts
d'humus et revêtus de végétation.

Et de vrai, c'est sous une action volcanique que
ces territoires des Antilles ont émergé, dit-on, comme
éructés par des foyers sous-marins. N'est-ce pas le
seul moyen d'expliquer l'aspect de ces reliefs tour-
mentés, l'ossature bizarre de l'île entière qu'on a pu
comparer à une feuille de papier froissée dans la
main ?

Nous sommes partis de Fort-de-France pour le
Gros-Morne, à 5 heures du soir, sur une voiture
américaine, peu élégante mais solide, traînée par
deux petits chevaux ardents et conduite par un
nègre de vingt ans, bien découplé et bavard comme
un sansonnet.

Au sortir de la ville, la route montante et si-
nueuse, contourne les flancs du fort Desaix qui borne
la vue au nord, pendant que sur notre droite, un
large horizon s'étend à nos pieds, à travers des savanes profondes où des troupeaux de vaches, enfon-
cées dans l'herbe de para jusqu'au ventre, paissent
en liberté. Çà et là on entrevoit les toits rouges de
quelques habitations, au milieu des courbarils, des
cassiers et des flamboyants, tandis que sur le rivage,
au loin, bordant la pointe des Sabians, se détachent
clairement des rangées de palmistes au tronc élancé,

droit et lisse, dont la cime est formée d'une gaine
verte et renflée, d'où s'échappe une gerbe de feuilles
gigantesques, aux folioles aiguës comme des dards,
et s'ouvrant en forme de cornet frangé.

Et au delà s'étend la baie de Fort-de-France dont
les eaux tranquilles ne sont, à cette heure du soir,
sillonnées d'aucune ride, ni tachées d'aucune embar-
cation. C'est un golfe argenté, aux rivages verdoyants, que notre regard enveloppe depuis l'embouchure du Longvilliers qui vient du Lamentin,
jusqu'au gros îlet de la Vache qui nous cache le village des Trois-Ilets. L'horizon au sud-est fermé par
une ligne de montagnes boisées dont la chaîne
s'étend de la pointe d'Arlet jusqu'à la Rivière-Salée,
et qui, toute bleutée par les vapeurs du soir, se con-
fond presque avec les nuages flottants d'un ciel
laiteux.

La route est belle jusqu'à Saint-Joseph. De ce
village au Gros-Morne elle est fort tourmentée, ra-
vinée souvent par des pluies diluviales, sillonnée
d'ornières, crevée de flaques d'eau, obstruée même
par des éboulements de terre ou par la chute d'arbres que le vent jette au travers de la route. Mais aussi
quelle diversité dans les aspects de ces paysages
successifs, selon que nous gravissons les hauteurs
ou que nous dévalons dans les bas-fonds! Ici on
entend les roulements des torrents dont les eaux

coupantes se sont ouvert des tranchées dans les roches vives; puis soudain ce sont des eaux dormantes se perdant silencieusement sous l'ombre des marécages. Plus loin, sur le bord d'un ruisseau clair, s'élèvent des bouquets de bambous[1] qui penchent paresseusement leurs tiges immenses au-dessus de nos têtes.

Notre conducteur nous donne, en langue créole, le nom des fruits suspendus aux branches. Il est intarissable. Comme nous admirions des cocotiers : « *Ou lé*[2]? » demande-t-il; et sans nous laisser le temps de répondre, il saute à bas de son siège, cale sa voiture et le voilà grimpant sur un cocotier avec l'agilité d'un singe; il détache deux gros fruits de leur régime, les laisse tomber à terre, descend en un clin d'œil, les ramasse, enlève avec son couteau l'écorce qui entoure le pétiole, perce un trou au point, et nous offre une excellente boisson rafraîchissante.

La route que nous suivons s'encaisse parfois si profondément qu'on est saisi par une fraîcheur, comme en entrant dans un couloir humide. Elle s'enfonce de quatre ou cinq mètres au-dessous du niveau du terrain environnant; et les champs qui la

1. Voir gravure, page 87.
2. En voulez-vous?

longent forment à droite et à gauche des parois verticales. La terre de ces parois, légèrement talutée, est
retenue par des racines qui se nouent et s'entrela-
cent dans tous les sens, comme de solides mains
pour empêcher les éboulements.

Ces racines appartiennent aux arbres qui domi-
nent la route au haut du talus. Sorties de terre le
long des parois et trouvant le vide, elles se sont cou-
dées et repliées sur elles-mêmes; puis ressaisissant
la terre végétale, elles l'ont enlacée dans un emmê-
lement noueux et dans une étreinte nerveuse de bras
robustes. Dans ce pays, où les architectes sont rares,
la nature construit elle-même ses murs de revêtement.

Dans les hauteurs, tout change d'aspect. Nous
venons d'atteindre, après une dure montée, un point
culminant d'où nous planons sur les basses collines
voisines qui vont se rejoindre au fond des vallées et
dont les flancs sont plantés de cannes à sucre. Les
cannes sont en fleur ou plutôt, selon l'expression
locale, en flèche. Cette fleur a la forme d'un panache
dont la chevelure légère, d'un rose effacé, se détache
délicatement sur le fond vert du champ. La brise du
soir, par bouffées, fait flotter doucement ces houppes
soyeuses et soulève des ondulations de vagues trans-
parentes et rosées sur lesquelles le soleil pique des
points d'or et allume des feux étincelants.

La tige de la canne, dépouillée des feuilles gour-
mandes, est nue et lisse au sortir de terre; elle ressemble à un gros roseau, sensiblement coudé à ses
nœuds. Elle pousse dans un enchevêtrement inextricable; puis, à un mètre environ au-dessus du sol,
elle est parée de larges collerettes de feuilles longues, lancéolées, retombantes et formant dans leur
ensemble un dais verdoyant. Au-dessus de ces
feuilles, aux frémissements continuels, se dresse,
quand la canne est en fleur comme aujourd'hui,
une forêt de ces flèches chevelues qui palpitent et
courbent la tête au moindre caprice du vent. En
France, les grands champs de blé, lorsque le vent
fait onduler les épis mûrs piqués de coquelicots, ne
nous offrent pas un spectacle plus reposant.

Soudain nous sentons la brise fraîchir; le soleil
s'est couché; la nuit est tombée brusquement, sans
crépuscule, mais une nuit illuminée par la lune dont
l'éclat est étrange. Une heure après nous touchons
aux premières maisons du Gros-Morne. Le village,
sous la lumière lunaire, est radieux comme en plein
jour. A l'entrée, au milieu de la rue, deux gamins
jouent encore aux noix d'acajou. Il est bien neuf
heures du soir. Il y a une auberge au Gros-Morne.
On y est hospitalier. Nous avons pu manger et
même dormir. On ne trouve pas dans tous les
bourg de l'île une table et un lit.

X

UN COMBAT DE COQS

Éleveurs de coqs. — Vainqueurs et vaincus. — Haines d'éleveurs
et colères de coqs. — Chez un éleveur. — Nourriture et dres-
sage du cock-game. — Anglais et Américains aux prises dans
un pit. — Précautions contre les quimbois. — Ruse du coq
Chabin. — Le coq *Gros-Sirop* est vaincu. — Impression dernière.

Aux Antilles, on est passionné pour les combats
de coqs. En France, dans le Nord, ce sont les chevaux de courses, les jockeys, les bookmakers, qui
sont en honneur, tandis que le Midi se grise des spec-
tacles capiteux de la *Plaza de toros* avec la même
ardeur que le peuple espagnol, *tra los montes*. Ici,
dans la moindre bourgade, il y a des éleveurs de
coqs, des pits et des parieurs. C'est un métier lucratif
que celui d'éleveur ! On fait une grande consomma-
tion de ces pauvres bêtes, dont les prix varient de
deux à quarante gourdes.

Tous les dimanches, après le combat, on rapporte des morts et des mourants, ensanglantés, la

tête déchiquetée par les éperons, les yeux arrachés
à coups de becs. C'est un navrant spectacle. On
achève les vaincus. Quant aux vainqueurs, ils reçoi-
vent des soins empressés. On se hâte d'essuyer le
sang qui les aveugle, de leur insuffler de l'air dans
le bec pour rétablir la respiration, de laver leurs
plaies avec du tafia. Comme ces volatiles ont la vie
fort dure, ils résistent, guérissent et sont prêts à de
nouveaux combats. J'ai vu de ces vieux champions,
sortis victorieux d'un grand nombre de luttes, bor-
gnes pour la plupart, couturés, sabrés de cicatrices
à la tête et au cou, arrogants, d'aspect vraiment
crâne, et sonnant du clairon à plein gosier.

Dans la rue que j'habite vivent face à face, l'un
à main droite, l'autre à main gauche, deux éleveurs
offrant le plus complet contraste et le plus drôle
qu'on puisse imaginer. Ils se jalousent et se sont
voué l'un à l'autre une haine tenace.

La guerre est déclarée entre eux depuis de longues années. Ils ont leurs soldats, leurs vieux chefs
et leurs jeunes recrues. Chaque dimanche, les deux
éleveurs apportent leurs champions dans le même
pit, obstinément, sans que la défaite ou la victoire
refroidissent leurs bouillantes rancunes.

Ils habitent tous deux une case au fond d'une
cour dont le portail s'ouvre sur la rue. Dans l'intérieur de cette cour, contre le mur d'enceinte, sont

LA GRANDE SAVANE DE FORT-DE-FRANCE ET LA STATUE DE L'IMPÉRATRICE JOSÉPHINE

(D'après une photographie)

adossées séparément d'étroites cages que supportent des piquets enfoncés en terre. Établies ainsi, ces cages à claire-voie ressemblent à des pupitres de chantres d'église. Chaque cage ne renferme qu'un prisonnier, que l'isolement rend plus sauvage et plus implacable. Ce monde de bêtes, passant, à travers les barreaux des têtes mécontentes et irritées, réclame, s'agite, bat des ailes, chante à tue-tête. Çà et là, dans la cour, errent en liberté des poules picorant dans les balayures et des troupes de poussins se disputant un *ravet*. Le jour, c'est un bruit d'ailes et de becs, ce sont des cris et des chants discordants. La nuit, c'est un autre vacarme : dès la première heure du matin, ces horloges vivantes, à intervalles rapprochés, éveillent tout le quartier en se répondant l'une à l'autre interminablement.

Devant la porte des deux cours, dans la rue, on voit, dès le point du jour, une rangée de coqs alignés le long du trottoir. Ils sont attachés par la patte, fort court, à un clou fixé dans le sol. Ils demeurent immobiles, en plein soleil, au port d'armes, le corps droit, la tête haute, faisant face au côté opposé de la rue et jetant de temps à autre un appel provocateur. Des deux côtés c'est le même alignement, la même tenue et les mêmes fanfares. Il faut voir de quel air se mesurent, d'un trottoir à l'autre, ces coqs ennemis, astiqués comme des soldats à la revue, fiers et reluisants, le bec affilé, l'éperon aiguisé, le cou nu, le ventre déplumé, enflammés, battant des ailes et sonnant la charge!

Mais il faut voir en même temps les deux éleveurs, occupés à les attacher sur le trottoir et cherchant, par leurs excitations et leurs caresses, à faire passer dans l'âme de ces bêtes la haine qui les anime l'un contre l'autre! Tous deux sont Créoles, mais l'un est Américain d'origine, et l'autre est Anglais.

L'Anglais s'appelle Tom Bancrott et l'Américain Jams Bennett. Bancrott est froid, muet et raide, peu affable, peu communicatif; il ne vit qu'avec ses coqs, et s'il parle, ce n'est qu'avec eux. Bennett au contraire est bavard, bruyant, riant fort, criant à tout propos, gênant par ses gestes et par sa remuante personne. Haut en couleur, apoplectique, tout en boule, il a des jambes courtes, un cou de taureau, une tête à cheveux ras et une panse rebondie qui crève son pantalon et son gilet. Il marche le ventre en avant, les mollets en dehors, avec l'allure d'un coq glorieux de ses ergots et de sa crête. Bancrott ressemble également à un coq, mais à un coq maigre, grand et déplumé. Il est décharné comme un bambou. Sa figure, en lame de coutelas, a le front fuyant, le menton rentré, le nez proéminent et recourbé, l'œil rond et fixe de l'oiseau. Ses jambes osseuses reposent sur un pied dont le talon en saillie s'allonge en arrière comme un éperon. Quand il marche, ses mouvements sont gênés comme ceux d'un *cock-game*.

Ces deux hommes ne sont pas méchants; et pourtant il n'est pas de plaisanteries que Bennett ne lance indirectement contre Bancrott pendant que celui-ci aligne ses coqs au soleil. Il n'y a pas d'injures dans la langue anglaise que Bancrott n'ait marmotté entre ses dents contre Bennett en le fixant de son œil d'oiseau. Tous deux à l'envi donnent des soins minutieux à leurs élèves. Ils leur rasent la crête, leur plument la tête, le cou et le ventre, frottent de tafia les parties ainsi dénudées, et ensuite exposent le patient au chaud soleil. Sous l'action de la chaleur et de l'alcool, la peau se durcit, devient d'un rouge pourpre et forme une carapace que l'éperon peut difficilement perforer. Tous les matins, le coq est plongé dans un bain d'eau fraîche. Quelques jours avant le combat, on le nourrit de poivre de Cayenne roulé dans la pâte et de boulettes de jaunes d'œufs.

Cette nourriture échauffante les rend durs au mal et terribles à la lutte. Leur fureur est inimaginable. Ils ne lâchent pied que lorsqu'ils sont blessés mortellement.

Le dimanche, jour de combat, les deux éleveurs

sont aux prises. On apporte les coqs; on range les
cages. Ici, les coqs Bennett; là, les coqs Bancrott.
Les paris sont ouverts. Le pit est établi dans une
cour fermée.

C'est une espèce de cirque minuscule, entouré
de bancs en gradins et couvert d'une toile tendue en chapeau chinois. L'ensemble, vu de loin,
offre, comme forme et comme dimensions, l'aspect
d'un manège de chevaux de bois. L'Anglais et
l'Américain, accroupis séparément devant un petit
escabeau, procèdent à la toilette de leurs coqs. Un
canif en main, ils aiguisent les éperons des deux
champions. Bancrott, entouré d'un groupe d'ama-
teurs, remplit silencieusement son office. Le coq,
dont il prépare les armes, le regarde fixement
comme pour surprendre dans les yeux du maître,
je ne sais quel langage muet et mystérieux. Celui-ci
fait entendre par instants, en frappant ses lèvres
l'une contre l'autre, un bizarre clappement, et chaque fois, à ce signal, l'oiseau se dégage des mains de
l'éleveur, se dresse sur l'escabeau et lance un chant
de colère.

— « Cent francs pour le coq de Tom! » s'écrie
un amateur.

— « Je tiens le pari! » répond Jams Bennett,
sans quitter sa besogne et sans cesser de bougonner
et de gesticuler : « Attention! dit-il en s'adressant à

son coq, défie-toi. Ce vieux zombi[1] d'Anglais a parlé à l'oreille de ton ennemi. Il lui a sûrement conseillé un coup de traître. Saigne-le comme un poulet, mon fils! »

Et en parlant ainsi, il lui lisse les plumes, lui passe les doigts doucement le long du col, lui lèche le bec, lui mouille le ventre, le pose à terre, le reprend, comme s'il avait encore une précaution à prendre ou une recommandation à lui faire

Cependant la cloche donne le signal; les spectateurs se tassent dans les gradins; les deux éleveurs, tenant chacun leur coq, pénètrent dans l'arène restée libre et se mettent face à face. Alors commence une scène étrange. Chaque éleveur doit faire à son coq ce que l'autre juge à propos de faire au sien. Tout le monde est attentif. Bennett suce les deux éperons, Bancrott fait comme lui. Celui-ci étend sur son visage l'aile ouverte du coq, et aspire fortement; celui-là en fait autant. L'un lèche successivement le bec, la tête et le cou; l'autre l'imite aussitôt.

Dès lors, la loyauté des deux combattants est constatée. Les armes sont éprouvées. Ces précautions sont prises par crainte des quimbois. On appelle quimbois, à La Martinique, non seulement les philtres et les sortilèges, mais aussi les poisons

---

1. *Diable*, en langage créole.

subtils dont les nègres ont le secret. On se méfie des armes empoisonnées, becs ou éperons. Quand les deux éleveurs ont subi cette épreuve, ils lâchent les deux coqs et sortent de l'arène.

Les deux combattants ont été pesés; ils accusent le même poids. *Gros-Sirop*, le coq de Bennett, est borgne, mais il est ramassé, large et bien campé. Le coq de Bancrott, nommé *Chabin*, est plus allongé, plus fin et plus nerveux. Dès qu'ils sont en présence ils s'attaquent à la fois en s'élançant l'un sur l'autre furieusement, les ailes ouvertes, la tête baissée et les pattes éperonnées tendues en avant. Puis ils changent de tactique : les voilà tous deux immobiles, s'aplatissant, le cou tendu, le bec rasant le sol! Tout à coup *Chabin* se précipite, saisit à plein bec la peau de la tête de son adversaire, et sans lâcher ce point d'appui, bondit d'un tour de reins au-dessus du sol et enfonce un de ses éperons dans le cou de *Gros-Sirop*, dont le sang coule aussitôt. Dès lors, Bennett ne se contient plus. Assis au premier rang, penché sur l'arène, il excite son coq : « *Ba-i, moufi!* [1] » Il fait tous les mouvements du combattant; il s'élance avec lui, frappe avec lui : « *Ba-i enco!* [2] » Sa face est en feu, ses yeux sont injectés de sang; il reçoit les mêmes blessures; il se

---

1. Donne-lui, mon fils! — 2. Donne-lui encore!

plaint; il crie : *Ah ! ça ou fé là donc ?*[1] — Bancrott
debout a l'œil fixé sur *Chabin*. Il fait entendre de
temps à autre un clappement particulier qui paraît
exciter l'ardeur du coq.

Ce combat dure depuis plus d'un quart d'heure.
Les deux lutteurs, dans leur acharnement, semblent inaccessibles à la fatigue. Ils ont les pattes
déchirées, la peau en lambeaux, le crâne mis à nu,
le bec dégoûtant de sang. *Chabin* a perdu l'œil
gauche qui pend hors de l'orbite. C'est toujours par
cet œil, qui tient encore, que *Gros-Sirop* le saisit
pour lui porter le dernier coup. Bennett triomphe ;
il crie, applaudit, se lève, se rassied : « *Cué-i moufi !
enco yon coup !* [2] » Mais *Chabin* use de ruse. Il
se met à courir autour de l'arène, les ailes soulevées, tournant en cercle de façon à présenter toujours le flanc droit à son adversaire et à lui cacher
son œil mort. *Gros-Sirop* court après lui, sans répit,
avec rage. *Chabin* le repousse à coups d'aile et continue sa course habile. On dirait qu'il est vaincu et
qu'il déserte le combat ; mais les connaisseurs voient
bien que c'est une ruse de guerre. En effet, il s'arrête brusquement et quand son adversaire l'atteint,
il lui enveloppe la tête de son aile, fait un demi-tour,
le découvre, lui saisit le cou avec son bec et lui

---

1. Ah ! qu'as-tu fait là ? — 2. Tue-le, mon fils, encore un coup !

enfonce son éperon si profondément dans la tête qu'il peut à peine se dégager.

Bennett pousse un cri désespéré. On croirait que c'est lui qui est blessé à mort. Le pauvre *Gros-Sirop* se met à fuir, en serrant ses ailes et en faisant entendre le cri du vaincu, un gloussement de poule craintive. C'en était fait! Selon l'expression consacrée, le coq *avait couru*. *Chabin* ne poursuit pas le vaincu, mais il se dresse sur ses pattes, bat des ailes et entonne un chant de victoire. C'était lamentable de voir ce vainqueur, l'œil gauche pendant, couvert de sang, oubliant ses blessures pour célébrer son triomphe.

Pendant que Bennett cherchait à ranimer le vaincu en poussant des lamentations et en accusant le vainqueur de *traîtrise*, Bancrott essuyait le sang de *Chabin* et le caressait doucement. On dit même qu'en passant devant Bennett, il fit entendre un claquement de bec et que son visage d'oiseau s'illumina d'une sourire ironique.

Quant à moi, je dois avouer que je ne suis pas né pour les jeux sanglants du cirque. Je suis sorti du pit en jurant de n'y plus retourner.

XI

SAINT-PIERRE ET FORT-DE-FRANCE

Quelques mots de géographie. — Ville du Nord et ville du Sud — Rade et port. — Aspect du mouillage à Saint-Pierre. — Magasins et étalages. — Monuments. — Tremblement de terre de Fort-de-France. — Tristesse de la ville. — Jardin public et cancans. — Pourquoi on ne peut construire de lourds édifices à Fort-de-France. — Ce qui divise les deux villes sœurs.

La Martinique n'a que 80 kilomètres de long sur 37 de large. Elle est allongée, hérissée de pointes et creusée de baies. Elle oppose son dos aux poussées de l'Océan et tourne vers la mer des Antilles son ventre un peu rentré. De son dos sort une excroissance qui s'avance dans la mer sur une longueur de trois lieues : c'est la presqu'île de la Caravelle.

Sur le pourtour de l'île qui a 350 kilomètres de circonférence, non compris les caps, sont bâties presque toutes les communes. Il y en a fort peu dans l'intérieur des terres. Les habitants, réfractaires en général au travail de la terre, aiment mieux se livrer à la pêche qui ne s'impose pas à eux avec la régularité dure et étroite de la culture des champs et qui leur ménage des aléas, des accidents, des surprises, en rapport avec leur humeur inconstante.

Fort-de-France et Saint-Pierre sont les deux chefs-lieux des deux arrondissements de l'île, l'un au Nord, l'autre au Sud. Toutes deux s'étendent sur la côte occidentale. Fort-de-France ne compte que 16 000 habitants; Saint-Pierre en a près du double. Celle-ci a une rade demi-circulaire, immense, mais exposée aux vents et au raz-de-marée, et partant fort dangereuse, surtout pendant l'hivernage. Celle-là offre aux vaisseaux le plus beau port de la mer des Antilles et le plus sûr. L'une est protégée par des forts importants et par une série de fortins et de batteries; l'autre est ouverte, et les trois batteries qui font mine de la défendre ne la mettent pas à l'abri d'un coup de main.

Saint-Pierre[1] est la vieille ville que fonda d'Enambuc en 1635 et où s'établirent les Européens, en face de la race caraïbe qui leur livra une guerre sans trêve ni merci. On construisit d'abord la partie la plus haute de la ville actuelle, auprès de la rivière Roxelane, autour des fortifications qu'on y avait élevées[2].

---

1. Voir gravure, page 51.
2. « Ce furent d'abord des cases bâties de planches, palissadées de « roseaux, couvertes de feuilles de canne ou de palmiers, où les mar- « chands vendaient ce qu'ils apportaient et où les artisans faisaient leurs

LA FONTAINE DIDIER (D'après une photographie

Plus tard, lorsque les Caraïbes disparurent et
que la sécurité vint, on se hasarda à traverser la
rivière et à descendre dans la partie basse, sur une
plage accessible à la navigation et favorable au commerce. La ville, dans son développement, suivit
ainsi la forme demi-circulaire du rivage. Toute la
population commerçante s'établit au centre de la
baie, appelée Mouillage, et dépeupla en partie la ville
haute, nommée Fort. Le Fort est mieux exposé et
plus aéré; il étend sa vue sur la rade et s'étage sur
un sol rocheux, aux pieds des Mornes qui remontent
vers le Nord; tandis que le Mouillage, étendu à plat
ventre le long de la mer, est un quartier humide,
étouffé, borné à l'est par un large écran de rochers
à pic, qui arrêtent le souffle des vents alizés et où les
rayons du soleil tombent d'aplomb sans air et sans
ombre.

Saint-Pierre est tout en longueur, resserré entre
le rivage, le Morne-d'Orange et le Morne-Godet. Il
ne s'élargit que vers le Nord, au-dessus de la Roxelane qu'il domine. Les rues sont tortueuses et acci-
dentées au Fort; elles sont régulières, quoique

« retraites pour la commodité du public. Ajoutez quelques gargotiers qui
« y tenaient des tavernes, tout cela, même en 1666, ne faisait pas tant
« de cases et de maisons qu'il y en avait à la foire Saint-Germain de
« Paris. »

Dutertre, *Histoire générale des Antilles françaises*, Paris, 1667, tome
premier.

8

étroites, au Mouillage. Autour de la mairie, dont la
construction a un aspect monumental, les voies sont
spacieuses et bien entretenues. La rue Victor-Hugo,
qui traverse ce quartier du sud au nord, est le
centre où sont groupés tous les marchands et où sont
établis tous les magasins.

Là, ce qui frappe d'abord l'étranger, c'est la pauvreté des devantures, l'absence de tout étalage, l'aspect négligé des denrées. Les marchandises sont jetées
ou entassées dans les rayons au hasard, sans ordre,
sans symétrie, sans goût. Les plafonds des boutiques
sont bas; l'espace est insuffisant; le jour est douteux.
Il faut voir surtout l'air las, ennuyé, renfrogné des
marchands ou des commis! Aussitôt que la nuit est
venue, tout est fermé; la rue, éclairée çà et là par
quelques réverbères fumeux, tombe dans une obscurité presque complète. Seules, les pharmacies,
assez semblables à nos petites épiceries de village,
restent allumées et ouvertes jusqu'à dix heures du
soir.

Malgré tous ces désagréments, Saint-Pierre n'en
est pas moins une ville active, mouvementée, vivante,
pendant le jour. Les trottoirs sont animés dès le
matin; les quais sont bruyants à travers l'encom-
brement des boucauts de sucre et des barils de tafia;
la rade, sous le soleil, est tout illuminée de voiles
blanches. On y sent la vie qui circule, le commerce

qui s'agite et marche, le peuple qui produit et
travaille.

Fort-de-France[1] offre un aspect tout différent.
Fondée en 1673, elle fut détruite par un tremblement
de terre, en janvier 1839. Alors, au milieu des décombres, on traça des rues avant d'avoir des maisons; et la ville se rebâtit peu à peu, avec des voies
bien alignées, se coupant à angle droit et formant
dans leur ensemble un vaste pentagone. Si Saint-
Pierre est une ville où, sur le port, dans les chantiers, dans les usines, la vie est chaude, ardente et
fiévreuse, Fort-de-France est une cité froide, raide
et un peu guindée. C'est la capitale des fonctionnaires, des employés de bureau, des ronds de cuir.
Tous les chefs d'administration et de service sont
réunis là, autour du Gouverneur. Malgré la présence
des soldats de l'infanterie de marine qui donnent à
la ville une note gaie, il y règne un décorum officiel,
une réserve de commande et même un air de défiance.

Au sud, entre la ville, le fort Saint-Louis et le
Carénage, s'étend une immense prairie carrée, bordée
par une allée de manguiers et au centre de laquelle
s'élève une statue isolée[2]. C'est le rendez-vous des

1. Voir gravure, page 15 et plan page 231.
2. Voir gravure, page 99.

fonctionnaires, à cinq heures du soir, quand les
bureaux se ferment. On y va deux à deux, en famille, un peu en toilette, d'un air légèrement com-
passé. On y cause à voix basse; on y fait peu de
bruit; on s'y observe; on craint de parler haut. On
dit pourtant que c'est de là que partent tous les petits
cancans, les commérages et les menus potins. On
m'a même confié à l'oreille que c'est là, sur certains
bancs, à l'écart, qu'on fait les réputations et qu'on
défait les gouverneurs.

Il y a à Saint-Pierre quelques monuments qui
offrent à la vue une certaine ampleur, comme le
théâtre, la mairie, l'hôpital; à Fort-de-France les
maisons sont en bois à un seul étage, et si légères
qu'elles semblent craindre de s'appuyer sur le sol.
Cette crainte n'est que trop justifiée; on courrait, en
effet, un danger réel à élever des édifices grands et
lourds. Le terrain d'alluvions sur lequel la ville
repose, n'offre pas une grande consistance. La couche
supérieure forme une écorce de deux ou trois mètres
d'épaisseur, battue et tassée, composée de matières
tufacées et pierreuses. Sous cette couche s'étendent
des amas de sable mouvant, où la mer pénètre, s'agite
et bouillonne. Dans l'intérieur de ce corps sablon-
neux qui, remplit le sous-sol, se trouvent, il est vrai,
des traînées de roches souterraines, soulevées par
des éruptions volcaniques. La chaîne rocheuse elle-

même, sur l'extrémité de laquelle est assis le fort Saint-Louis, traverse ce sable, lui sert d'ossature, et passe sous la rue Victor-Hugo qu'elle soutient. C'est pour cela que cette rue fut épargnée lors du tremblement de terre de 1839.

Quoi qu'il en soit, il ne faut pas songer à établir les fondations solides d'un édifice sur le premier emplacement venu. C'est souvent en vain que l'on cherche, à quinze mètres de profondeur, à travers le sable, une roche sur laquelle on puisse appuyer des pilotis. Quand on a essayé de faire grand et d'employer dans les constructions la fonte et les pierres de taille, on n'a pas tardé à voir le sol s'affaisser, les fondations fléchir et les murs se lézarder. Aussi il n'y a pas de monuments à Fort-de-France[1], bien qu'une notice géographique officielle cite avec emphase l'hôtel du Gouverneur comme un édifice remarquable. Or, c'est une maison banale, large de façade, n'ayant au-dessus du rez-de-chaussée qu'un étage bas, en bois, à l'aspect d'entresol, sans apparence et sans caractère, pouvant tout au plus servir de gendarmerie.

Saint-Pierre et Fort-de-France, on le voit, sont différents à tous les points de vue. En outre, ces

1. On construit aujourd'hui à grands frais la bibliothèque Schœlcher sur des pilotis profondément enfoncés dans le sol.

deux villes sont divisées, non par de hautes questions
de politique générale, mais par des questions irri-
tantes de personnes. Saint-Pierre et le nord de l'île
appartiennent à un parti; l'autre est maître du sud
et de Fort-de-France. Chacune des deux villes a son
député; chaque député a son journal; chaque journal
a son parti pris et son siège fait. La lutte est devenue
si ardente qu'elle prime tout, pendant que l'industrie
et le commerce sont en souffrance. Ces deux sœurs
que tant d'intérêts devraient lier, sont devenues deux
ennemis peut-être irréconciliables.

XII

LA PREMIÈRE COMMUNION DES VIEUX

L'intérieur de la cathédrale un jour solennel. — Vieilles commu-
niantes et vieux communiants. — Costumes de première communion. — Actes avant la communion. — La table sainte. —
Ce qu'il advint au sortir de l'église. — Pour quels motifs on
pratique la religion à Fort-de-France. — Le clergé de La Martinique. — Village déplacé.

Je sors de l'église. La cérémonie à laquelle je
viens d'assister valait la peine d'être vue. On célébrait la première communion avec grand apparat.
Des guirlandes de feuillage, des fleurs naturelles, des
bouquets artificiels d'or et d'argent paraient le maître-
autel. Il y avait profusion de lumières : les appliques,
les candélabres, les lustres de cristal étaient allumés.
La voix de l'orgue se faisait douce et lointaine pour
répondre aux versets des chantres et des enfants de
chœur.

De la nef latérale où j'avais pu, à grand'peine,
trouver une place, j'embrassais l'église dans son
ensemble. Le sanctuaire était resplendissant. Le so-

leil glissant à travers les vitraux coloriés de l'abside projetait sur les dalles de marbre et sur les tapis, par places, des mosaïques de couleurs éclatantes. L'évêque officiait. Les chanoines, revêtus de leurs camails, occupaient dans le chœur les stalles réservées au chapitre. Les marguilliers assis au banc-d'œuvre suivaient attentivement la messe dans de gros missels. Le porte-crosse et le porte-mitre étaient debout, gravement, auprès du dais. La lumière des lustres piquait des étincelles dans la chasuble d'or de l'officiant et dans les étoles des servants. L'encensoir, dans son balancement régulier, jetait à droite et à gauche de petits panaches de fumée. Je voyais les calottes rouges des enfants de chœur agenouillés sur la première marche de l'autel. Les fidèles, endimanchés, emplissaient les chaises et les bancs dans les bas-côtés et dans la nef principale jusqu'au fond de l'église, dont le portail béant, sous l'orgue, nous montrait, à travers une trouée de soleil aveuglant, une foule curieuse, entassée, couvrant le porche, le parvis et même les marches du grand escalier extérieur.

Tout au haut de l'église, tournés vers l'autel, devant la grille qui sépare le chœur du transept, étaient pieusement rangés les communiants, divisés en deux groupes. Mais ce n'étaient pas, comme en France, des fillettes vêtues de blanc, la tête ornée

de couronnes de roses posées sur leurs voiles
flottants, ce n'étaient pas des petits garçons portant
au bras gauche des brassards de soie blanche, frangés d'or. On ne célébrait pas la fête de la première
fraîcheur et de l'immaculée jeunesse. C'était une
première communion de vieillards.

Les vieilles étaient rangées à gauche et les vieux
à droite. Ces hommes et ces femmes, nègres de la
basse classe pour la plupart, devaient leurs vêtements
à la charité publique. Des redingotes noires, élimées,
reprisées çà et là, un pantalon blanc fortement
empesé, des gants de coton, composaient à peu près
le costume des communiants. Un de ces vieux portait un habit noir, fripé, taché, froissé aux basques,
étonné de se trouver à cette cérémonie après avoir
couru longtemps les fêtes mondaines à travers les
soirées et les bals. Les vieilles, la tête enveloppée
d'un long voile de tulle tombant jusqu'aux pieds,
avaient un madras blanc et une jupe noire traînante.

De petits cierges, flétris et jaunis, vacillaient dans
les mains des communiants et répandaient des
gouttes de cire sur leurs vêtements. Ces vieux enfants tenaient ouverts des paroissiens neufs, bien
qu'ils ne sussent pas lire. Au mouvement de leurs
lèvres, je comprenais qu'ils dévidaient des patenôtres
apprises par cœur.

Quand on leur fit réciter, à haute voix, *les actes
avant la communion*, il me vint une tristesse d'entendre la parole chevrotante et cassée de ces vieux.
Parfois ils s'arrêtaient court, la mémoire en défaut;
et le prêtre qui les avait préparés venait à leur aide
en leur soufflant la phrase oubliée.

Puis ils s'avancèrent à la file, le pas mal assuré,
et s'agenouillèrent pour la première fois *à la table
sainte*. Ils joignaient gauchement leurs mains, ouvraient la bouche longtemps avant leur tour, tiraient
démesurément la langue, et se regardaient les uns
les autres, comme des enfants inexpérimentés qui
demandent ce qu'il faut faire.

Au sortir de l'église, après la cérémonie, d'autres
vieux vinrent les féliciter dans la rue; et des petits
enfants s'approchant les regardaient d'un œil étonné.
Cette journée et le jour suivant étaient consacrés aux
visites. Les communiants vont de maison en maison,
le dos voûté, la marche hésitante, pour se faire com-
plimenter, faisant ce qu'ils ont vu faire aux petites
filles et aux jeunes garçons, vêtus de blanc, le jour
de leur première communion.

Ici on ne s'étonne pas de ces étranges cérémonies, réservées chez nous à l'innocence et à la grâce
de l'enfance naïve. Tous les ans, à la même époque,
l'église fête sa victoire sur ce qu'elle appelle, en son
langage, *l'Esprit du mal*. Au reste, les prêtres et la

LA FONTAINE GUEYDON A FORT-DE-FRANCE

(D'après une photographie)

religion ne comptent pas ici d'ennemis déclarés, par
la raison qu'ils n'affichent ni morgue, ni intolérance,
et qu'ils respectent scrupuleusement la liberté de
tous. Je dois ajouter qu'à Fort-de-France on est pra-
tiquant. La ville entière se rend ponctuellement aux
offices. On se garde de manquer les vêpres; on court
aux sermons; on est avide des cérémonies du culte.
Les pèlerinages sont en honneur. Il y a tant de personnes pour suivre les processions qu'il n'en reste
plus pour les voir passer.

Cependant je n'oserais pas affirmer que ces pra-
tiques dévotieuses sont inspirées par une foi plus
vive et des convictions plus fermes qu'ailleurs. Car
il faut songer que nous habitons une ville demi-
morte où les seules distractions sont offertes dans
l'église par le clergé. On y va un peu pour voir et
pour être vu. C'est une occasion de toilette. D'autre
part il n'y a, à Fort-de-France, ni cercles, ni con-
certs, ni théâtres, ni amusements d'aucune sorte. Il
est à croire qu'un théâtre provoquerait quelques dé-
sertions parmi les fidèles de l'église.

Quoi qu'il en soit, le clergé est aimé de tous.
Dans les villages, les curés vivent en paix avec le
maire, avec l'instituteur et avec le brigadier de gendarmerie. Animés d'un esprit conciliant, étrangers
aux luttes politiques, ils sont puissants dans leurs
paroisses. Ils pourraient entraîner à leur suite les

paroissiens au bout du monde, s'ils le voulaient.

Je n'exagère point. Qu'on en juge : Il y a quelques années, le curé de la Rozière s'ennuyait dans le pays où le village était bâti; il le trouvait pierreux, peu fertile, peu ombragé, mal exposé. Il se dit : « Si nous allions autre part! » Et plein de cette idée, le dimanche suivant, il monte en chaire pendant la grand'-messe et, au nom de Saint-Joseph, engage ses ouailles à abandonner ce pays mal vu de Dieu, à démolir leurs cases et à transporter nids et nichées à trois kilomètres plus loin, dans un site admirable où s'étendent des savanes herbeuses et où poussent à profusion les arbres à pain, les manguiers, le manioc et les choux caraïbes. On se précipite hors de l'église et, de même qu'autrefois on partait pour la croisade à la voix de Pierre l'Ermite, les habitants de la Rozière se mettent aussitôt à démolir, à déménager et à rebâtir plus loin. On a donné à ce nouveau village le nom de Saint-Joseph.

Le curé a eu raison, La Rozière était une pauvre paroisse peuplée de malheureux. Saint-Joseph, situé à 12 kilomètres de Fort-de-France, un peu à gauche de la route qui conduit au Gros-Morne, est un bourg coquet, verdoyant, où tout le monde semble heureux, les paroissiens et leur curé.

XIII

UNE VILLA A LA MARTINIQUE

Où il est question d'Horace et de Tibur. — La campagne de mon
ami X. — La sieste le long d'une haie. — Le bain matinal. —
La fontaine Gueydon. — Le point du jour à La Martinique. —
Brise du matin. — Les poules et les canards de mon ami. —
Le caillou blanc d'Horace.

— « Venez donc voir ma campagne !... *Frigus*
CAPTABIS *opacum !* » me disait depuis longtemps mon
ami le conseiller.

Or, le conseiller est un philosophe, souriant
comme Horace, heureux d'abandonner sa toge et son
siège de magistrat pour passer ses loisirs à sa villa,
aussi ombreuse que Tibur. Il y cherche la paix ; il y
invite quelques amis préférés. Il n'y a rien de trop,
mais rien n'y manque : *Nil nimis*, selon la maxime
du poète de Venouse.

Cette campagne est située à trois kilomètres de
Fort-de-France, sur le chemin de la Fontaine-Didier[1].

---

1. Voir gravure, page 111.

C'est une espèce de chalet en bois, fort bas, ouvert à
tous les vents, avec des fenêtres sans vitres, à peine
closes par des persiennes, comme toutes les maisons
du pays. Il est séparé de la route par une petite cour
empierrée, bornée des deux côtés par un talus.
Au-dessus des talus, à droite, il y a un jardinet
planté de rosiers en fleurs, tandis qu'à gauche
s'étend une prairie qu'une haie touffue met à l'abri
de la poussière du chemin.

A l'ombre de cette haie formée de campêches
aux chatons odorants, de cotonniers dont les fruits
crevés laissent échapper des flocons soyeux, et de
pruniers sauvages piqués de clochettes roses, notre
philosophe lit son journal, médite ou rêve. C'est là
qu'il dort aussi, pendant le jour, dans ce coin ombreux,
où le silence n'est troublé que par le frémissement
des feuilles taquinées par la brise et par le bruit doux
de la chute des fleurs qui se détachent des branches.
La sieste, après le repas de midi, est presque nécessaire aux Antilles, quand la chaleur étouffante appe-
santit les membres et assoupit béatement l'esprit. On
est comme envahi par un engourdissement, par un
demi-sommeil léger, où l'on a à la fois la sensation
de la réalité et l'envolée du rêve, et où l'on reste juste
assez éveillé pour goûter pleinement la jouissance de
dormir. Ce repos est délicieux à la campagne, au
milieu de l'apaisement de la nature qui sommeille

elle aussi sous le soleil de midi. Tous les dimanches, à l'heure des vêpres, vous trouverez là notre philosophe endormi. *Et ipse dormitat.....* comme Homère et comme Horace.

Derrière la maison, d'où l'on descend par un double escalier, une eau éternellement fraîche coule dans un vaste bassin. Le matin, au saut du lit, avec la fraîcheur piquante du jour naissant, le conseiller, nu comme un Triton, se plonge dans ce bain pour éveiller ses idées encore engourdies par le sommeil. Il a reconnu que c'est là une sage mesure d'hygiène, adoptée par tous les Créoles. Au reste, chaque maison, à La Martinique, possède une salle de bains confortablement installée.

Au-dessous du bassin où le conseiller, prend ses ébats sous les yeux de la matinale aurore, glisse, en pente douce, jusqu'au ravin boisé qu'on distingue dans le lointain, une savane herbue complantée de pommiers d'acajou, de corrossoliers et de pruniers de Cythère qui y entretiennent l'ombre et le frais.

Pour répondre aux sollicitations de mon ami, je suis parti hier dès le fin matin. A La Martinique, la température est fraîche au point du jour; l'air est vif et la marche peu fatigante. Je prends, contrairement aux écoliers, le chemin le plus court et je traverse la rivière Levassor sur un pont de fer qui soutient les tuyaux de fonte conduisant l'eau à Fort-de-France. Au-dessus du pont, sur un petit morne à pic, se dresse la fontaine monumentale de Gueydon[1] qui domine la ville. C'est un immense réservoir, en forme de vasque, où se déversent les eaux de la rivière de Case-Navire et d'où déborde une large nappe d'eau qui glisse avec un bruit de cascade dans un monstrueux entonnoir auquel sont ajustés les conduits qui distribuent l'eau aux divers quartiers.

La vasque est en partie enfermée dans un mur demi-circulaire, formant dossier, assez élevé, et surmonté d'une coupole qui porte sur son fronton le nom de Gueydon en lettres d'or. Cette singulière construction, dans son ensemble, ressemble à une chapelle, ouverte du côté où le réservoir verse ses eaux à la ville.

C'est à l'amiral Gueydon qu'on doit ce Château-d'eau. Fort-de-France manquait d'eau autrefois. La rivière Levassor n'est potable qu'à un kilomètre en amont. Les ruisseaux qui descendent des hauteurs voisines se tarissent pendant la saison sèche. En 1856, l'amiral eut l'idée d'aller chercher dans les mornes, à neuf kilomètres de distance, une rivière, de la détourner de son cours, de la conduire vers le chef-lieu et de la jeter dans la ville, à travers la

Levassor, à l'aide d'un pont. Le projet fut conçu, le plan dressé, les travaux organisés et exécutés avec une étonnante rapidité. Moins de deux ans après, chaque maison de Fort-de-France avait une prise d'eau.

Je m'engage dans un petit sentier caillouteux qui conduit au sommet du morne de Gueydon, le dépasse, longe les murs du séminaire, traverse la grand'route et rejoint le chemin de la fontaine Didier.

A mesure que l'on gravit la côte qui se dresse auprès de la ville, par delà la rivière, au-dessus du réservoir Gueydon, le spectacle va en s'élargissant derrière soi. De temps à autre, je me retournais pour admirer le tableau que m'offrait Fort-de-France, enfoncé encore dans la buée matinale et tout ruisselant de rosée, au bas de la colline; puis au delà la mer frémissante encore du passage du bateau qui fait le service des dépêches, ridée légèrement par la brise, et, sur ces rides mobiles, les feux étincelants du soleil levant; au delà encore, dans le fond, à gauche, le village des Trois-Ilets noyé dans la brume et à droite, le long de la côte, le gracieux îlet à Ramiers.

Autour de moi, sur les bords du chemin, par les champs, dans les jardins, aux flancs des pitons, à travers les savanes, se développait dans un continuel et prodigieux enfantement une nature riche, exubérante et embaumée.

Je marchais à mon caprice, sans hâter le pas,
par un chemin fort accidenté, tantôt encaissé et
humide, tantôt surgissant brusquement en pleine
lumière, fouetté par l'air piquant, dominant les collines qui s'en allaient avec des rires jusqu'à la mer.
Ah! l'étrange saveur de cette terre éternellement
fraîche et verte.

Au bout d'une heure, j'arrivai chez mon hôte; il
m'attendait sur le chemin; il m'accueillit avec son
sourire indulgent; il s'empressa de me montrer ses
poules, ses canards et sa chèvre; il me força à mettre
ses pantoufles, à m'étendre dans son hamac, à boire
un breuvage qu'il venait de faire mousser à l'aide
d'un bâtonnet et composé de lait, de genièvre et de
noix muscade. Puis il s'assit près de moi et il me
raconta longuement, comme pour bercer ma lassitude, je ne sais quoi d'un ton quasi maternel.
Endormi doucement par ce bien-être intime et
par cette franche hospitalité, je ne pensai plus à
me griser de la poésie capiteuse de la campagne.

J'ai marqué cette journée d'un caillou blanc,
meliore lapillo, comme faisait Horace il y a environ
deux mille ans.

XIV

LES LUCIOLES

Vers luisants et lucioles volantes. — La nuit aux environs de Balata. — Émotion que produisent les lucioles. — La danse des feux follets dans les arbres. — Illumination générale. — Rondes et chœurs dansants des farfadets. — Bal d'esprits errants.

En montant vers le camp de Balata, si on se laisse surprendre par la nuit, on est témoin de la danse aérienne des lucioles.

Qui ne connaît en France les vers luisants et les effets de leur timide éclat sous l'herbe, dans les haies des chemins, pendant les chaudes nuits? Eh bien! les vers luisants de La Martinique sont les lucioles volantes. La lumière phosphorescente qu'ils projettent n'est pas constante; ils l'allument ou l'éteignent à volonté; ils deviennent eux-mêmes ombre ou clarté selon les caprices de leur vol.

Ce phénomène n'est pas visible sur tous les points de l'île. Pour la première fois, à ce spectacle inattendu, j'éprouvai une violente émotion qui ne s'est pas encore apaisée aujourd'hui et qui se ravive quand mes souvenirs se reportent vers cette inoubliable soirée.

Il y a huit jours de cela. Je venais de Fort-de-France. J'avais à peine dépassé la sixième borne kilométrique, vers sept heures du soir, quand la nuit m'enveloppa presque brusquement. La route, au point où je me trouvais, était encaissée et s'enfonçait, par un ciel sans lune, dans les ténèbres que rendait plus profondes la haie d'arbustes verts et d'arbres touffus qui la longe et qui, du haut du talus, semble la couvrir de ses rameaux épais.

Lorsqu'on n'est pas prévenu, l'imagination est vivement frappée. En effet, tout à coup, dans l'ombre, on voit s'allumer un point lumineux qui brille et s'éteint. Quant à moi, je crus avoir mal vu et je passai instinctivement ma main sur mes yeux. La petite clarté m'apparut encore, voltigea quelques secondes, s'évanouit, puis, à ce qu'il me sembla, se ralluma plus loin et s'éteignit encore. Étais-je dupe d'une hallucination ?

Sous le coup d'un deuil récent, je me figurais (nous avons de ces croyances pieuses quand il s'agit de nos chers morts) que ces clartés insaisissables, que ces flammes un instant rallumées, étaient comme le reflet d'une vie éteinte. N'était-ce pas l'émanation,

NÉGRESSE DE **13** ANS

(D'après une photographie)

le souffle, l'âme même de celui qui fut vivant? —
Ne riez point de ma crédulité, vous qui n'avez encore
pleuré personne. — Le douloureux regret des morts
aimés fait naître et entretient en nous de décevantes
illusions. On croit les entendre encore dans la nuit,
on voudrait les revoir, on les appelle. Et cette
flamme aérienne me semblait une apparition fugitive
de l'être pleuré qui venait à mon appel, pour dimi-
nuer mes regrets et pour me prouver qu'il m'entendait encore par delà la tombe. Je restai longtemps
sur la route, immobile, les yeux fixes, regardant les
ténèbres, sous cette impression déchirante.

Peu à peu, des étincelles s'allumèrent de toutes
parts autour de moi, des deux côtés de la route,
dans les ténèbres des talus, parmi le feuillage immobile des arbres. Ces légers feux follets voltigeaient
dans tous les sens, tantôt évoluant avec une molle
lenteur, tantôt glissant rapidement, à la manière
d'étoiles filantes. Ils disparaissaient et reparaissaient
incessamment. Leur nombre se multiplia bientôt
à l'infini. L'illumination devint générale. Ce furent
des chœurs dansants de ces flammes éphémères,
des rondes d'âmes éplorées portant chacune
un falot pour éclairer leur vol vacillant. Dans cet
éblouissement, je distinguais comme des courses
folles, des poursuites à travers l'espace, des enlace-
ments, des rencontres, d'innombrables rassemble-

ments de gnomes aux regards clignotants, au milieu d'une nuit de sépulcre. Par moments, je croyais assister au rendez-vous de tous les farfadets de l'île, profitant du silence et de l'ombre pour se livrer à leurs nocturnes sarabandes.

Ce spectacle me retint longtemps; et quand j'eus franchi l'ombre obscure où avait lieu le sabbat de ces lucioles capricieuses et folles, je me retournai et je regardai encore une fois, de loin, ces clartés scintillantes qui m'attiraient invinciblement. Il me sembla voir, de l'endroit où j'étais, à travers le feuillage dentelé des arbres, comme de minuscules lanternes vénitiennes qui éclairaient, sous un ciel muet, la danse légère d'un bal d'esprits errants.

XV

CHANTS DES NÉGRESSES

Où l'on entend la musique de Gounod. — Les chants dans les
cases pauvres. — Romances et refrains. — Comment on songe
aux airs entendus dans les Pyrénées. — Conclusion inattendue.

Les négresses de La Martinique ont des voix
admirablement timbrées. Leurs notes sont claires,
jeunes, de cristal. Elles chantent comme les oiseaux,
sans avoir appris; elles adorent le chant et retiennent les airs avec une étonnante facilité.

Croirait-on que dans les cases les plus pauvres,
où les jeunes filles poussent au hasard, résonnent
les airs les plus jolis de Gounod et de Massé? Il suffit
qu'elles entendent un piano pour qu'aussitôt, en
foule, elles accourrent et que, se collant avidement
aux persiennes du salon où le musicien se fait entendre, elles écoutent immobiles avec une figure ra-
dieuse.

La danse les séduit et les attire autant que la
musique.

Un air de danse, un *bel-air*, selon l'expression
locale, exerce sur elles une véritable fascination. « Il
est facile dans ce pays, disait plaisamment l'amiral X,
gouverneur de La Martinique, de dissiper un attrou-
pement tumultueux ou de venir à bout d'une émeute.
Il suffit d'avoir sous la main quelques musiciens. On
leur ordonne de jouer un air de danse, de traverser
la foule en courroux, sans arrêter ni ralentir leur
marche. Aussitôt on voit, au son de la musique, les
colères tomber, les visages s'épanouir, les jupes se
relever, les bras s'arrondir au-dessus des têtes, et la
marche dansante commencer à travers les rues de la
ville, à la suite des musiciens. Aucune émeute ne
résiste à un pareil moyen. »

J'ai vu leurs danses, mais je préfère entendre
leurs chants.

Ce matin, couché dans mon hamac, à l'ombre,
entre deux manguiers de mon jardin, j'ai entendu
avec ravissement des chants alternés qui venaient
des cases voisines, alignées coude à coude, les unes
auprès des autres et longeant une ruelle qui fait face
au mur de clôture de mon jardin. Les chanteuses
travaillaient à leur ménage, chacune dans son pauvre
réduit, pendant que les hommes avaient profité du
dimanche pour aller boire du punch au cabaret ou
regarder les exercices des pompiers sur la grande
savane. Chaque couplet, en langue créole, était en-

tonné par une négresse et le refrain repris par une des chanteuses des cases voisines. Parfois, le refrain était chanté en chœur.

Selon la distance, la voix m'arrivait, tantôt forte et rapprochée, tantôt lointaine et assourdie. L'air était triste et doux ; la phrase musicale était ample et traînante, comme les chants des laboureurs dans les Pyrénées. Je trouvais cette mélodie délicieuse, exprimée ainsi : le couplet modulé par la même voix et le refrain repris avec des intonations diverses, avec des sonorités différentes, selon les voix et les distances, par une des négresses des autres cases.

Et puis n'est-ce pas original et même un peu touchant que cette même chanson égayant le travail et la solitude d'un grand nombre de cases laborieuses et pauvres? Ce peuple-là est naïf et enfant. Il se conduit par instinct; il fait comme font les coqs qui se répondent au point du jour; comme les grenouilles au bord des mares, pendant les claires nuits; comme les grillons sous le soleil de midi dans les prés.

XVI

CLAIR DE LUNE

La lune aux champs. — Clarté lunaire. — Ombre et lumière.—
Les pitons argentés. — Où l'on revoit les lucioles.

Il est dix heures du soir. Je viens de rentrer chez
moi après avoir joui longuement d'un spectacle
radieux : un clair de lune à La Martinique en pleins
champs.

On m'avait autrefois parlé des effets fantastiques
de la clarté lunaire aux Antilles; je n'en restai pas
moins surpris et émerveillé. Ce n'est pas l'irradiation
du soleil réveillant et animant le sol; c'est une lumière blanche et endormie s'étendant sur la campagne, pendant qu'elle boit la rosée en sommeillant.
Son intensité est telle qu'on peut lire aisément et
presque sans fatigue. Cette lumière réfléchie n'a pas
de reflets; elle ne rayonne point; elle n'atténue pas

la profondeur des ombres environnantes; elle ne
pénètre pas l'obscurité; elle ne perce pas les ténèbres.

Sous la lune, tout est ombre ou clarté, sans pé-
nombre et sans diffusion apparente des rayons
lumineux. L'éclat lunaire fait même ressortir la
dureté de l'ombre portée des objets. La lune glisse
sur les corps, s'arrête brusquement aux angles,
accuse les arêtes, découpe les contours et projette
nettement les silhouettes sur le sol; elle court d'objets en objets par ressauts, mais sans les envelopper
et les baigner tout entiers.

Et le dirai-je? Si la clarté de la lune n'aveugle
pas comme le foyer solaire, elle gêne. Je n'aime pas
à marcher dans cette lumière spectrale, au milieu
de toutes ces ombres qui semblent me regarder
passer sournoisement. Au reste, le spectacle de la
campagne, si étrangement éclairée, n'est bien
saisissable dans son merveilleux ensemble que
lorsqu'on le contemple de l'ombre où je m'étais réfugié.

Devant moi, s'allongeaient, en pleine lumière,
des savanes qui se succédaient avec de légères ondulations jusqu'aux pieds des pitons du Carbet. Les
pitons se tenaient debout, à l'horizon, dans un
nimbe argenté. Dans la haie de pommiers roses qui
me couvraient de leur ombre, je voyais étinceler par

moment des yeux de flamme; c'étaient les lucioles qui se livraient à leurs jeux aériens.

Aucun peintre, aucun poète ne pourraient reproduire ce que j'ai vu.

FRUITS DE LA MARTINIQUE

Barbadines — Pommes de liane — Goyaves — Pommes d'acajou — Mangues — Pommes de cannelle — Anonas

XVII

UN DINER CRÉOLE

Pourquoi on parle du château de Ripaille. — Causerie extravagante entre amis. — Une invitation à brûle-pourpoint. —
Comment on prépare le punch à La Martinique. — Merveilleuse
salle à manger. — Étranges fruits. — Un curieux menu. —
Le plat traditionnel du pays. — Les vers de palmistes. — La
recette de la négresse. — Ingratitude prévue.

Je me lève de table. En son château de Ripaille,
jamais Amédée VIII, d'ébaudissante mémoire, n'a vu
étalés devant lui des plats plus copieux, plus appé-
tissants, plus variés et plus invraisemblables. Du
diable si je sais ce que j'ai mangé! Et pourtant je
voudrais décrire ce festin par le menu et en fixer le
souvenir.

On ne nous a servi que des mets du pays.

Nous avions, quelques jours avant, jeté un défi à
un vieux Créole de nos amis, à la suite d'une conversation gastronomique qui nous avait fort échauffés, le
conseiller, l'inspecteur et moi. Nous sommes cependant d'humeur conciliante. Le conseiller est patient,

bien qu'il se révèle, à ses heures, aussi vif qu'un gascon et plus entêté qu'un breton. L'inspecteur, sous ses lunettes d'or, cache un regard malicieux. Il est né aux environs de Marseille, mais il y a long-temps. C'est un Marseillais que le temps et les dis-tances ont attiédi. Je ne parle pas de moi; j'en dirais du mal et vous m'accuseriez de n'en pas penser un mot. Je peux cependant avouer que j'ai beaucoup voyagé et que, ayant beaucoup vu, je n'ai retenu que le bon côté des hommes et des choses.

Or, nous étions assis tous trois sur un banc de la grande savane, en compagnie du Créole, grand plan-teur de cannes à sucre, devisant de choses et d'autres. Je ne sais par quelle liaison d'idées la con-versation tomba sur Messer Gaster, sur les Vatels si rares aujourd'hui et sur le grand art culinaire qui se meurt.

« On ne mange bien qu'à Paris, disais-je, mais à la condition de connaître les bons endroits. Chaque maison a sa spécialité : les galantines de Chevet, les fruits de Potel et Chabot, les soles de Marguery, les brioches de la Lune, les écrevisses de la Porte-Saint-Martin. » Et je ne tarissais pas, énumérant, la bouche humide, les exquises choses que j'avais savourées autrefois.

« Ce n'est pas exclusivement à Paris qu'on mange bien, dit l'inspecteur en m'interrompant. Vous êtes injuste pour la province. Chaque ville jouit d'un renom particulier. Toulouse a ses volailles, aussi fines que celles du Mans et plus en chair. Narbonne a son miel, Apt ses confitures, Ruffec ses truffes et ses pâtés, Amiens ses canards, Issoudun ses fromages de chèvre, Commercy ses madeleines et Marseille sa bouillabaisse, troun de l'air! »

Le conseiller se mit à rire. « Vous êtes exclusif, mon ami, injuste aussi. Hors de la France et dans les pays les plus lointains on goûte des mets excellents. J'aime, quant à moi, la charcuterie de Mayence, les raviolis d'Italie, le pudding d'Albion, le couscous des Arabes et surtout les nids d'hirondelles de l'Inde. Le seul pays, dit-il en regardant le Créole, qui nous condamne à l'anémie, parce que la cuisine y végète à l'état rudimentaire, c'est La Martinique. »

L'attaque du conseiller était inattendue. Elle cingla le Créole comme une injure imméritée. Il s'était levé :

« Il y a là plus qu'une erreur, s'écria-t-il; vous calomniez mon pays. La Martinique n'est pas responsable de tous les péchés que commet l'Israël métropolitain. Vous appelez anémie l'épuisement où vous réduisent les abus et les excès. Notre région, plantureuse et prodigue, vous offre tout à souhait; vous prenez sans mesure, à deux mains, et vous dévorez

goulûment à pleine bouche. Vous surmenez votre
corps : vous êtes accoutumés aux pâles rayons de
votre soleil frileux, et vous voulez courir les champs,
à midi, sous les tropiques. Votre estomac est fait à
une nourriture douceâtre et vous l'irritez par des
mets pimentés et échauffants. Notre rhum est exquis
et vous en buvez sans modération, comme si le ther-
momètre était descendu au-dessous de zéro. Et quand
tous ces abus ont fait de votre corps une guenille
sans ressorts, vous vous plaignez d'anémie et vous
accusez de ce mal notre pays et sa cuisine qui n'en
peut mais. La plaisante accusation !

Notre homme allait s'animant et s'échauffant.
Une pointe d'irritation traversait ses paroles. L'inspecteur l'interrompit en riant :

« Prenez garde! Vous vous irritez, donc vous
avez tort. Qu'avons-nous besoin de paroles? Allons
au fait. Votre cuisine est détestable. L'affreux *canari*
est le seul mets en honneur à La Martinique. »

« Finissons-en! riposta le Créole. Je vous invite
à déjeuner pour dimanche prochain. Je ne vous ser-
virai que des plats du pays préparés par une vieille
négresse, cuisinière de ma famille depuis quarante
ans. Vous verrez de quelle façon on combat l'anémie
chez nous. »

L'inspecteur ajouta avec une nuance d'ironie :
« Est-ce que nous arroserons ce festin de Pantagruel

avec le vin du cru? Nous servirez-vous du lait de
coco ou du jus d'ananas, pour remplacer le Médoc?»
— « Jouons franc jeu, reprit le Créole. Il s'agit de
cuisine. Pour la faire valoir, j'emprunterai les vins les
meilleurs, quelle qu'en soit l'origine. C'est mon droit.»

Nous acceptons l'invitation, et le dimanche suivant nous étions réunis dans une petite maison de
campagne, à deux pas de Fort-de-France, sur les
bords de la rivière Levassor, au milieu d'un jardinet
qui sépare la cuisine de la salle à manger. « Avant
tout déjeuner créole, dit notre hôte, le punch est un
apéritif indispensable. » Et en notre présence il pré-
para lui-même le breuvage. Il fit fondre du sucre
dans une certaine quantité d'eau; et quand elle lui
parut saturée et sirupeuse à point il y versa un rhum
vieux et embaumé, y jeta quelques tranches d'un
citron vert au parfum pénétrant et y mêla de la
glace concassée. Puis à l'aide d'une petite batte particulière, appelée *lélé*, il agita ce mélange en faisant
rouler la batte dans ses deux mains rapidement.
La glace se fondit et le mélange mousseux fut versé
dans nos verres. En le buvant, nous sentions glisser
en nous je ne sais quelle prédisposition à l'indulgence
pour ce déjeuner que nous supposions exécrable.

Enfin une jeune cabresse, brillante comme du
cuivre poli, vint nous prévenir que le déjeuner était
servi.

La salle à manger, au milieu de laquelle la table se dressait, était parée comme pour un triomphe. L'hospitalité est la gloire de La Martinique. Ce jour-là elle avait revêtu un apparat prémédité. La blancheur du linge, l'éclat de la porcelaine, la transparence du cristal semblaient chanter victoire. De vastes jardinières de fleurs, cueillies le matin, égayaient la table de leur fraîcheur. De merveilleux fruits [1], dont le nom même est inconnu en France, étaient coquettement disposés dans une corbeille sur un lit de feuilles : des barbadines embaumées, pareilles à des melons rosés et luisants; des pommes de liane portant encore leurs collerettes de sépales, et jaunes comme des citrons de Sicile; des goyaves ambrées; des pommes d'acajou surmontées d'une noix en guise de couronne; des mangues d'or au léger parfum de térébenthine; des pommes de cannelle dont la pulpe forme une crème blanche et sucrée; et le roi des fruits, l'ananas, paré d'un haut diadème de feuilles vertes.

Un buisson d'écrevisses énormes, suspendues par la queue, étendaient leurs longues pattes de corail les unes au-dessus des autres dans un ruissellement qui débordait sur la nappe. Leur corselet était lisse et allongé au lieu d'être raboteux et renflé comme celui des écrevisses d'Europe.

---

1. Voir gravure, page 147.

Sur une console, alignées avec soin, des bouteilles poudreuses, d'aspect vénérable, nous souhaitaient la bienvenue sournoisement, tandis que derrière elles d'autres bouteilles, à l'air effronté, étouffaient leurs rires sous leur coiffe d'argent.

Chaque convive avait devant lui une coupe pleine de farine de manioc, et une assiette contenant des choux-caraïbes, des bananes, des tranches de fruit à pain et des ignames bouillis et légèrement pimentés : « Par bienveillance pour vos estomacs débiles, dit notre hôte en prenant place, je vous autorise à manger du pain, bien que les vrais Créoles ne prennent, en guise de pain, que la farine et les légumes qui sont devant vous.

Ceci dit, voici notre menu en langue créole :

Calalou crabe
Féroce
Acras tiliris
Court-bouillon poisson
Tortue fricassée
Manicou
Migan labe à pain
Écrevisses zhabitants
Vers palmistes
Cicis rôtis
Salade choux-palmistes
Vins choisis.
Desserts variés

Le calalou fut servi fumant. C'est un bouillon de crabes dans lequel on a écrasé des gombos dont la gousse verte contient des perles visqueuses. Ce bouillon gluant et épais, relevé par le piment et le thym, est fort savoureux. L'inspecteur et le conseiller se léchaient les lèvres sans mot dire. On devinait que leurs préventions allaient en s'atténuant.

« La morue, dit notre hôte, est le plat traditionnel de La Martinique. Le féroce que nous allons manger est un mets appétissant mais peu fait pour les palais délicats. Essayez-en. Écrasez une tranche d'avocat beurré avec de la farine de manioc, de façon à en faire une pâte. Frottez ensuite, avec un piment-oiseau, votre morue qui a été grillée. Imbibez-la d'huile et mangez ensemble la morue et la pâte.

Nous avons fait la grimace d'un commun accord et nous avons reculé devant le féroce. Notre hôte le savourait avec une réelle satisfaction.

On nous servit ensuite une pyramide de petits beignets rissolés, appelés acras. La pâte enveloppe une multitude de poissons minuscules, pareils à des aiguilles d'argent, qu'on nomme titiris. C'est une chose délicieuse. L'inspecteur en a redemandé sous le prétexte que, n'ayant pas mangé de féroce, il avait droit à une seconde part d'acras.

La tortue fut trouvée succulente, le court-bouillon parfait, le migan exquis. Les cicis furent déclarés

supérieurs aux ortolans. On fêta les choux-palmistes
dont les rubans blancs et délicats ont la même saveur que les cœurs d'artichauts. Le manicou, espèce
de taupe énorme, avait un goût sauvage mais un
fumet appétissant. Un franc succès était réservé aux
vers de palmistes [1]. Ils ressemblent à des cocons
blancs de vers à soie, avec une tête noire pareille à
celle des hannetons. On appela la cuisinière, on l'accueillit avec des applaudissements. Nous l'obli-
geâmes à nous donner des détails sur la manière
d'accommoder ce plat. « Il faut d'abord, dit-elle,
choisir des vers gras et dodus. On prépare ensuite de
petites brochettes en bois ; on embroche les vers six
par six tout vivants ; on les fait griller sur un feu vif.
Quand ils sont dorés et rissolés à point, on les
plonge rapidement dans une sauce composée de
piments, d'échalotes, de jus de citron, d'huile et de
vinaigre, et on les sert avant de les laisser refroidir.

Et de vrai, c'était chose exquise. La peau de ces
vers, très fine, craquait légèrement sous la dent et le
ver se fondait aussitôt dans la bouche. Dès lors
notre hôte avait partie gagnée. Au dessert le succès
du dîner éclata, moussa et déborda avec le cham-

---

1. On obtient ces vers en coupant le tronc du chou-palmiste au ras
du sol. On le laisse pourrir. C'est dans le cœur même du chou pourri
que se forment les vers.

pagne. Je portai un toast aux mets et aux fruits de
La Martinique. Le Créole était radieux ; mais le conseiller et l'inspecteur, tout en grugeant un ma-
tété [1], semblaient garder une arrière-pensée et faire
tacitement certaines réserves.

En effet, nous venions à peine de prendre congé
de notre hôte et de sortir de sa maison que mes
deux amis me prirent chacun par un bras comme
pour me faire une confidence : « Triomphal ce
dîner! dit l'inspecteur. La Cannebière n'a jamais rien
vu de pareil. Cependant je préfère à tous leurs cala-
lous une bonne bouillabaisse dans une petite bastide
sur le bord de la Méditerranée. » — « Un régal, ces
vers de palmistes, ajouta le conseiller, mais cela ne
vaut pas les nids d'hirondelles du beau pays des
pagodes. »

Et comme je me retournais, je vis, debout sur sa
porte, notre Créole qui nous suivait des yeux, avec
un sourire malin, comme s'il avait entendu notre
conversation et pressenti notre noire ingratitude.

---

1. Entremets composé de farine de manioc et de mélasse.

CHARMEUR DE SERPENTS

(D'après une photographie)

XVIII

LE MORNE-ROUGE

Pourquoi les anémiques se réfugient au Morne-Rouge. — Jasmins et verveines. — Le fond du ravin. — Les fougères. — Le sentier de la Capote. — Allées de pommiers-roses. — Ma petite maison. — Où l'on entrevoit les pitons du Carbet à travers les brouillards.

C'est au Morne-Rouge que les médecins envoient les convalescents, parce que l'air y est plus salubre et la température plus fraîche. C'est bien le séjour le plus enchanteur de la colonie. Ce village est au nord de Saint-Pierre, dans les hauteurs, à une distance de six kilomètres environ de la ville. Je m'y suis réfugié, durant quelques jours, pour essayer de combattre l'anémie qui abat si rapidement les Européens aux Antilles.

Le Morne-Rouge[1] est le jardin de La Martinique; il est planté de rosiers toujours fleuris, de jasmins,

---

1. Voir gravure, page 63.

de verveines, avec de vastes massifs de myosotis délicats et des bordures de bégonias aux feuilles
vernies. On se croirait en France, en plein renouveau, mais au milieu d'une nature plus jeune, plus
ardente et plus prodigue.

Bien qu'on y trouve un épicier, un boulanger,
un maire à l'accent et à l'esprit gascons, et même des
gendarmes à cheval, c'est moins un bourg qu'une
réunion de chalets et de villas, échelonnés le long
de la route, précédés ou entourés de jardins clos par
des haies vives, radieux, ensevelis dans la verdure
et toujours palpitants de brise.

Derrière la ligne de villas qui bordent la route,
à gauche, du côté de la mer des Antilles, le terrain
semble tout à coup manquer sous les pas. La pente
s'accuse brusquement; et c'est par un chemin en
zigzag qu'on descend au pied du Morne, au fond du
ravin, où l'on entend un torrent gronder. C'est là
que les gens du village vont faire leurs dévotions à
une vierge nichée dans une grotte. On s'y rend
même de fort loin en pèlerinage.

A mesure que l'on s'enfonce dans le ravin, on ne
saurait s'imaginer dans quelle puissante végétation
on pénètre. On est dominé et enveloppé par ces
masses touffues de verdure, par ces plantes gigantesques qui croissent sans culture avec des poussées
merveilleuses, se bousculant et s'enchevêtrant, avides

d'arriver à l'air et à la lumière. On dirait une foule innombrable dont les têtes pressées veulent vous voir passer. Du milieu de cette verdure s'élancent des bouquets de bambous grêles, des fougères arborescentes, avec leurs larges parasols frangés. Les baliisiers marient leurs immenses feuilles luisantes aux feuilles d'un vert mat des bananiers. Et au ras de terre, le long des chemins, croissent des variétés infinies de fougères de toute couleur et de toute forme, depuis le vert le plus printanier jusqu'au rouge ardent des feuilles de vignes en automne, et depuis les dentelures les plus fines jusqu'aux rigidités de glaives aigus. Et au-dessus de ce tapis, s'étalent les bégonias dont les fleurs rosées et délicates retombent en grappes et donnent à cette verdure sombre une note claire de mois de mai.

Le penchant de ce morne est plus vivant et plus mouvementé que le côté opposé. En effet, à droite de la route, vers l'est, entre les haies des villas, s'ouvrent des sentiers creux, humides, bordés de pommiers-roses, descendant en pente douce et conduisant à des maisonnettes silencieuses, où les malades trouvent la paix et la santé. Tous ces sentiers aboutissent à la Capote, petite rivière tapageuse, qui murmure à travers les roches encombrant les sinuosités de son lit. Les promeneurs qui dirigent leurs pas de ce côté sont baignés dans l'ombre des pommiers-roses, dont le fruit, joli d'aspect, est fade de parfum et de goût. Quant au feuillage, il offre un fouillis de toutes les nuances. Les jeunes pousses ont des tons de cuivre rouge, tandis que les vieilles prennent des teintes d'un bleu sombre.

C'est sur le parcours d'un de ces sentiers que s'élève la petite maison tranquille que j'habite. Le chemin qui y conduit est envahi par une herbe si serrée et si ardente à pousser que les pieds des passants n'y laissent pas de traces. Pendant le jour, de petits oiseaux microscopiques, appelés cicis, y font entendre le bruit de leurs ailes, et durant la nuit, les lucioles y promènent dans tous les sens leurs lanternes clignotantes.

Un jardinet entoure la maison. Les fleurs y attirent les colibris et les oiseaux-mouches. Au-dessous du jardin, s'étendent à perte de vue des savanes et des champs de cannes à sucre. L'horizon est borné au sud-est par les pitons du Carbet, si aigus et si raides que nul n'a pu les gravir jusqu'au sommet.

Vers le couchant s'élève la masse de la Montagne Pelée[1], dont la cime est presque toujours enveloppée de nuages. Quand le vent souffle et que le ciel reste pur, la montagne nous apparaît toute rayonnante,

1. Voir gravure, page 63.

avec la forme d'une pyramide au sommet arrondi,
flanquée d'excroissances monstrueuses qui, pareilles
à des tourelles penchées en arrière, s'adossent sur
elle. Au haut de cette montagne, sur le sommet de
la pyramide se dresse un clocheton bizarre, semblable au bouton d'une cloche immense.

La Montagne Pelée est un volcan éteint. L'ascension en est fort pénible, dangereuse même.

XIX

« LES BAMBOUS »

(Recueil de fables)

Le langage créole et son originalité. — Romances d'amour. —
Essais de M. Marbot. — Notre bon La Fontaine à La Martinique. — Où l'on retrouve *La Laitière et le Pot au lait*. —
Pourquoi *Les Bambous* sont une œuvre de quelque valeur. —
La morale des fables chez M. Marbot. — *Le Loup et l'Agneau*
aux Antilles. — Où l'on pense à Aristophane. — Spécimen
de style créole.

Le langage créole a des ailes; on le parle, on le
chante, on ne l'écrit point. Il est difficile de le fixer
par l'écriture et de lui donner une physionomie par
l'orthographe. On ne réussit, en l'essayant, qu'à le
défigurer et à le rendre méconnaissable. En effet, la
mimique est nécessaire au patois local pour expri-
mer nettement l'idée et la mettre en relief. Le créole
parlé vit non seulement de termes accouplés violemment, mais surtout de gestes, d'attitudes, de
rires, d'exclamations et d'onomatopées. Quand on
écrit cette langue, les mots se posent, mais tout le

reste s'envole; et on ne retrouve sous la plume
qu'une image effacée et décolorée de la pensée
éteinte. Ce ne sont plus que des colibris immobiles
sans éclat et sans ailes.

Cette langue, créée d'instinct par le peuple, n'a
ni ampleur, ni élévation, ni richesse. Elle est res-
treinte aux besoins journaliers ; elle est limitée aux
sentiments courants. Rien au delà. Mais elle excelle
dans les chansonnettes malignes, dans les contes
des veillées, dans les romances d'amour. Chaque
case redit de ravissantes poésies, d'une ineffable
douceur, répétées par tous les échos des Antilles.
Je les ai entendues; et d'abord, je l'avoue, je n'en ai
compris ni l'harmonie, ni le rythme. J'avais besoin
d'un apprentissage. Mais lorsque mon oreille s'est
familiarisée avec cette diction et avec cette musique,
j'ai goûté alors et j'ai savouré ce mol abandon des
intonations et cette naïve mélopée des romances.

Ces poésies légères ne sont pas écrites. Elles passent de bouche en bouche, confiées seulement à la
mémoire. Au reste, il n'existe, à ma connaissance,
qu'un seul ouvrage imprimé en langue créole. C'est
un recueil de fables que j'ai en main. Il a pour titre :
Les Bambous.

Cet opuscule, fort modeste, ne devait pas, dans
la pensée de l'auteur, sortir du cercle des amis pour
qui il avait été composé. « J'ai emprunté, disait-il lui-

même, quelques fables à La Fontaine et je les ai
travesties en « patois créole. » Les essais de
M. Marbot ne constituent certes pas une production
littéraire de haute valeur, mais ils se distinguent
par de réelles qualités qui font de cette traduction
une œuvre originale. Ils ont été imprimés et réim-
primés.

En quelques mots voici ce qu'est ce livre :

L'auteur n'a été ni téméraire ni imprudent. Il
n'ignorait pas que les fables de La Fontaine sont
semées de fines nuances, de délicates expressions,
de demi-sourires, d'imperceptibles malices que la
langue créole serait impuissante à rendre. Il ne
songea donc point à une traduction fidèle, parce que
l'instrument qu'il avait à sa disposition pour un semblable travail était trop primitif, trop informe et trop
résistant. Il se borna à imiter, à distance, les fables
qui lui parurent assez souples pour se plier, non à
un décalque exact, mais à une adaptation plus
libre.

Son plan fut sage et son choix habile. Il ne prit
pas au hasard, à pleines mains. Il glana çà et là
dans le vaste champ de son modèle. Il fit une gerbe
des fables les plus faciles, les plus enfantines, les
plus accommodantes, les plus propres à frapper
l'imagination d'un peuple encore au berceau : *la
Laitière et le Pot au lait, la Cigale et la Fourmi,*

le Loup et l'Agneau, les deux Mulets, le Rat de ville et le Rat des champs, etc. Il tenta d'aborder quelques sujets d'un plus grand développement, comme *le Meunier son Fils et l'Ane,* ou d'une plus large envergure, comme *les Animaux malades de la peste,* mais il s'arrêta dès les premiers pas. Il fit bien. Au reste, en tentant d'imiter cette dernière fable, il dut, en face du résultat, éprouver une déception et même un découragement. On ne peut pas toucher aux chefs-d'œuvre de La Fontaine sans s'exposer, comme Boileau, à des échecs retentissants.

Or, je l'ai déjà dit, la langue créole n'est ni assez flexible ni assez malléable pour se prêter à tous les accords et pour se plier à tous les genres. Elle vit de peu, chez elle, en se resserrant dans les limites de la vie quotidienne. Elle n'est à l'aise que lorsqu'elle ramène la pensée à son propre niveau et qu'elle la couvre du vêtement qui convient à sa simplicité. Il faut qu'elle conserve son abord guilleret et son allure sans façon; il faut qu'elle reste alerte, indépendante, heurtée, bruyante, tapageuse même, avec un air légèrement gouailleur, éclairée de rires, ponctuée de cris, secouée d'exclamations. Quand M. Marbot a respecté ces conditions et qu'il s'est servi de la langue créole sans la tendre ni la forcer, il a été excellent. Lorsqu'il s'est contenté d'emprunter à La Fontaine le plan et l'idée générale

ENTRÉE DU JARDIN PUBLIC DE SAINT-PIERRE

(D'après une photographie)

d'une fable en évitant de s'empêtrer dans une traduction servile, il a obtenu un franc succès. Il y a, dans *Les Bambous*, des fables qui méritent d'être connues, à cause de l'habileté de l'adaptation.

Ce qui constitue la saveur originale de quelques-unes de ces bleuettes, c'est qu'elles semblent avoir été écrites pour les Créoles de La Martinique. Tous les détails ont été puisés dans les coutumes du pays. La couleur locale y est scrupuleusement respectée. La peinture de la vie journalière est exacte et fidèle. Les nègres et les békés y jouent le principal rôle. On y saisit sur le vif les besoins et les passions des habitants sous le soleil des Antilles. La morale elle-même change de ton et de forme pour s'harmoniser avec l'ensemble :

La raison du plus fort est toujours la meilleure,
dit La Fontaine ;

Douvant poule ravett pas ni raison
Devant la poule le ravet n'a pas raison.

traduit M. Marbot.

A la morale l'auteur substitue parfois un conseil inattendu, qu'il donne aux nègres, comme dans la fable des *Membres et de l'Estomac :*

> Pas jamain blié divoué
> Zott pou boudin, qui béké.

N'oubliez jamais vos devoirs, vous autres,
Envers le ventre. Le ventre c'est le béké.

Il tire de la fable de *la Laitière et le Pot au lait*
cette conclusion fort sage, quoique un peu triviale :

> Jamain dans moune nous pas doué
> Ladans quiou poule compté zé.

Jamais dans le monde nous ne devons
Dans le derrière de la poule compter les œufs.

On rencontre dans ce recueil des détails d'une
naïveté charmante. « Si ce n'est toi, c'est *donc ton
frère* » dit le loup à l'agneau. Celui-ci lui répond :

« *Moin pas ni papa, moin c'est bata.* »

Je n'ai pas de père; je suis un bâtard.

Le mariage étant ici peu en honneur dans la
basse classe de la société, les enfants naturels sont
en grand nombre. Et quand l'agneau cherche à
l'apitoyer sur son sort, le loup termine ainsi :

> To ka raisonnein, joucoué?
> Qui moune ça to ka palé ?
> Coument, to p'enco ni dent
> Et to déjà insolent?
> M'a fé to voué to ni tô.

Tu raisonnes, je crois ?
A quelle personne crois-tu parler?
Comment, tu n'as pas encore de dents
Et tu es déjà insolent ?
Je vais te faire voir que tu as tort.

Le loup plaisante, le loup s'amuse, le loup manie l'ironie ; il fait même des jeux de mots : m'a fé *to* voué *to* ni *tô*.

Écoutez maintenant quels châteaux en Espagne bâtit la laitière qui se rend au bourg voisin pour vendre son lait :

> Après m'a fé diri doux
> Macriau frit, calalou [1],
> M'a vanne ça pou nèg canott.
> Moin va pé fé jouge mabi [2].
> Et pis m'a vanne pouesson frit,
> Losi [3], zabocat [4], mangòt,
> Tout ça va ba moin l'agent.
> Moin va gangnien bel mouchoué.
> Moin va faraud. A présent.
> Quand moin va déçanne Saint-Pié,
> Evec yon chimise brodé,
> Belle jipe, bel soulié dans pié...
> Allons donc ! moune va soti
> Pou yo voué moin : Aie ! aie ! aie !
> Y'a dit : ça pas yon canaille...

> Ensuite je ferai du riz doux,
> Du maquereau frit, du calalou,
> Je vendrai ça pour les nègres canotiers
> Je vais pouvoir faire même du mabi.
> Et puis je vendrai du poisson frit,
> Des losi, des avocats, des mangues,
> Tout cela me donnera de l'argent.

1. Le calalou est un ragoût créole composé de bourgeons de giraumon, de pourpier, de gombo, de feuilles d'amarante, d'oseille de Guinée, de jambon, de crabes, de jus de citron et surtout de piments.
2. Le mabi est une boisson fermentée, faite avec des racines de patates.
3. Losi : acras de morue.
4. Les avocats et les mangues sont des fruits du pays.

J'achèterai de beaux mouchoirs.
Je vais être superbe ! Maintenant
Quand je descendrai à Saint-Pierre,
Avec une chemise brodée,
Une belle jupe, de beaux souliers aux pieds...
Oh ! alors, le monde sortira
Pour me voir : Aie ! aie ! aie !
On dira : ce n'est pas une femme de rien.

Je n'en finirais pas si je me laissais aller au plaisir de tout noter en passant. Mais avant de terminer, je ne peux cependant pas résister à l'envie de citer la fable entière *des deux Mulets*.

L'auteur, après s'être inspiré de la fable de La Fontaine et peut-être aussi de celle de Phèdre, sans se laisser dominer par ses modèles, traduit à sa guise et laisse trotter sa plume à la diable. Il y multiplie les onomatopées. Nous entendons le mulet rire bruyamment : *quia, quia, quia !* comme dans Aristophane, on entend le bré ké ké kex coax des grenouilles et le tio tio tio des oiseaux :

Yon jou dans yon grand chimin
Dé milett té ka maché.
Yonne té tini yon chage foin,
Lautt l'agent té ka poté.
Tala té ka fé docté.
Li té ka gouaillé lautt là,
Li té ka dit li : Mouché,
Çà ou ka poté com ça?
Yo chagé ou évec paille ?
Ça c'est travail ti manmaille,
Pas travail pou yon nèg mâle,
Ça ka ranne dos ou tout sale.
Pauve ou, oui ! Toutt bon, mouché
Ça sré fait moin mal au khé

Allé dans boug évec ça.
Li prend ri : Quia ! quia! quia ! quia !
Lautt là, zoreille li baissé,
Té ka tanne ça sans souffé.
Pouloss yo contré volé,
Yo tous les dé té ni pé,
Yo tous les dé prend couri :
Ti, pi, ti, pi, ti, pi, ti.
Quand li voué yo ka foucan,
Volé la fisi li prend,
Li tiré lassous missié
Qui l'agent té ka poté.
Coup-d'-fisi là pati : poh !
Pauve milett là tombé : boh !
Lautt là dit li : « Camarade,
To té ka goüaillé moin : gade!
Si to té ka poté foin,
Y pas sré fait to engnien. »

Un jour dans un grand chemin,
Deux mulets cheminaient.
L'un portait une charge de foin
Et l'autre de l'argent.
Celui-ci fait l'homme d'importance,
Il gouaïlle l'autre,
Il lui dit : « Mon cher,
Que portez-vous là?
On vous a chargé de paille?
C'est là un travail de petit enfant,
Et non un travail de nègre mâle.
Ça vous rend le dos tout sale.
Pauvre de vous! Tout de bon, mon cher,
Ça me ferait mal au cœur
Si j'allais au bourg avec ça. »
Il se mit à rire : Quia ! quia ! quia! quia !
L'autre mulet, l'oreille basse,
Entend cela sans souffler mot.
Cependant, ils rencontrent un voleur,
Tous les deux prennent peur,
Tous les deux se mettent à courir :
Ti, pi, ti, pi, ti, pi, ti.
Quand le voleur les voit filer,
Il prend un fusil

Et tire sur le monsieur
Qui porte l'argent.
Le coup de fusil part : poh !
Le pauvre mulet tombe : boh !
L'autre lui dit : « Camarade,
Tu te moquais de moi; regarde !
Si tu avais porté du foin,
On ne t'aurait rien fait. »

XX

VOYAGE AUTOUR DE MON JARDIN

Croquis de ma maison. — Départ pour l'excursion. — Tonnelle
de pommes de liane. — Les pommes à La Martinique. —
Jasmin d'Arabie. — Les fruits du papayer. — Compote de
goyaves. — Floraison de roses. — Une espèce de chaloupe. —
Le piment-oiseau. — Les reinettes des Antilles. — Les Anolis.
— Le café nègre. — Mangues et manguiers. — Les fruits à
pain. — Résultat du voyage.

Je viens de faire un voyage autour de mon jardin. A six heures du matin, j'étais sur pied. Le soleil,
toujours matinal aux Antilles, flambait déjà à la
cime des manguiers. Les fleurs d'ibiscus avaient
depuis longtemps ouvert leurs grands yeux, humides
de fraîcheur; les bégonias, gorgés de rosée, étaient
debout sur leurs tiges ; les oiseaux-mouches, toujours
volants, chiffonnaient les fleurs et enfonçaient leurs
becs libertins dans le sein des roses qui avaient,
pendant la nuit, ouvert leurs boutons et défait leurs
tuniques.

Mon jardin est carré et mesure environ trente
mètres de côté. Il est clos d'un mur assez élevé dont
l'arête est revêtue de lianes et de plantes grimpantes.
La maison d'habitation, toute petite, en occupe le
centre, blottie sous la verdure et dans les fleurs. La
porte du jardin, ouvrant sur la rue, est reliée à
l'entrée principale de la maison par une tonnelle
envahie à la fois par les glycines et par les pousses
des pommiers-lianes.

C'est de là que je commence mon excursion. Je
porte deux paniers, l'un pour les fruits, l'autre pour
les fleurs. Je suis muni d'un sécateur et d'une ser-
pette.

Au-dessus de ma tête, sont suspendues des
pommes d'un jaune d'or parmi les grappes de glycines bleues. Je n'ai qu'à tendre la main pour les
cueillir. Ce sont des pommes de liane[1]. Ce fruit, dont
la peau est coriace, contient de petites graines, semblables à celles du lin et agglutinées par une matière visqueuse qui a le goût exquis de la gelée de
groseille. Les pommes ne manquent pas à La Martinique : *pomme-rose, pomme-acajou, pomme-cannelle*[2] ;
mais elles diffèrent entr'elles de forme, de couleur et
de goût. Aucune ne rappelle, si ce n'est de nom, la
pomme de France.

1-2. Voir gravure, page 147.

Après avoir cueilli les fruits mûrs de la tonnelle et les avoir rangés dans mon panier, je prends par la droite en suivant une allée fleurie, bordée de campanules de carmin. On croirait voir de petits bras levés qui tendent leurs calices à la rosée. Au milieu d'un massif de bégonias variés, se dresse un arbuste noueux au feuillage rare, portant des fleurs doubles, blanches comme la neige et larges comme des œillets : c'est le jasmin d'Arabie dont le parfum est capiteux. En face se trouve un beau papayer formé d'un tronc droit et lisse que couronnent de larges feuilles et de gros fruits verdâtres attachés à la cime du tronc lui-même. On dirait des gourdes vertes suspendues au bout d'un bâton de pèlerin.

Au fond de l'allée, et la bornant, on rencontre un goyavier que j'ai dépouillé de ses fruits, il y a quelques jours. La goyave[1], de couleur ambrée, ressemble à une pomme portant un œil élargi en couronne et presque aveuglé par les sépales. La chair en est rosée, molle et bourrée de pépins résistant sous la dent. La compote de goyaves, qui a une saveur toute particulière, doit être mangée avec précautions. Il faut l'avaler à l'aide de la langue, en évitant de heurter les dents contre les pépins durs et glissants qui se logent entre les molaires comme des coins.

1. Voir gravure page 147.

Je m'engage dans l'allée qui longe l'aile gauche
de l'habitation. Elle se divise en deux parties : l'une
a été réservée aux roses et l'autre abandonnée aux
plantes potagères. Je me trouve d'abord au milieu
d'un petit champ de rosiers qui m'offrent leurs fleurs
à l'envi. Il en est ainsi chaque matin durant l'année
entière. La terre, toujours ardente et toujours inas-
souvie, passant tour à tour des chauds baisers du
soleil aux fraîches caresses de la nuit, étale dans les
jardins comme en pleins champs sa robuste fécondité. La floraison des roses aux Antilles est ininterrompue. C'est un éternel renouveau. Quelle ample
moisson je fais !

Me voici aux légumes. Je cueille des haricots
verts, semés depuis un mois à peine. Quant aux
tomates que j'avais disposées avec des tuteurs, le
long du mur, elles ne m'ont donné que des fruits
avortés. C'est une récolte manquée. Le carré de mes
fraisiers est tout étoilé de fleurs. J'entrevois çà et là
quelques fraises mûres ; mais j'ai eu grand'peine à
les défendre contre les attaques d'une affreuse limace,
baveuse et vorace, appelée ici *chaloupe*, à cause de sa
forme.

Ma plus belle récolte est celle que me donne un
carré consacré aux piments, dont les espèces mul-
tiples ont toutes le même mordant. Le *piment-oiseau*
et le *piment-café*, en particulier, portent un joli petit

LA CASCADE DU JARDIN PUBLIC DE SAINT-PIERRE

(D'après une photographie)

fruit qui a la couleur du corail et la forme d'un gland
minuscule et qui produit au moindre contact une
véritable brûlure sur la langue. Le piment est le
condiment indispensable de tous les plats créoles.
Chose bizarre! les poules en sont très friandes. En
un clin d'œil elles dévalisent une plantation.

A droite du jardin potager est creusé un petit
bassin, au ras du sol, qu'un berceau de lianes feuil-
lues met à l'abri du soleil et où l'eau courante entretient une cressonnière. C'est là que se réfugient des
grenouilles, fluettes et insaisissables, vêtues d'une
jaquette verte, toute vernie, et faisant entendre pendant la nuit, non pas le coassement traînant et
plaintif qui s'élève du fond des mares en Europe,
mais un cri aussi aigu et aussi perçant que celui des
grillons. Ces reinettes semblent s'évertuer à crier
distinctement le mot *huit* aux étoiles.

Dans cette partie du jardin sont plantés deux
cerisiers, l'un de fruits doux, l'autre de fruits aigre-
lets. Mais au lieu d'avoir un seul noyau comme les
drupes de France, les cerises des Antilles ont une
pulpe peu charnue qui couvre une agglomération
de pépins très développés. C'est bien la même
forme, la même couleur, le même éclat, mais, hélas!
ce ne sont ni les cerisiers ni les cerises de chez
nous!

Le fond du jardin est planté de bananiers, lon-

geant le mur de clôture et bordant une allée qui se
trouve unie dans son milieu à la maison d'habitation
par une tonnelle couverte de pois grimpants, dont
les fleurs ressemblent à des cornets d'azur. C'est sur
cette tonnelle, au milieu des pousses enchevêtrées,
que vivent les *Anolis*.

Savez-vous ce que c'est que l'anoli? C'est le plus
joli lézard du monde. Il est vif, alerte, mobile, sautant
de branche en branche avec une agilité et une sou-
plesse extraordinaires. Il s'élance à une grande distance pour saisir sa proie. Son dos est vert, avec des
reflets changeants, son ventre est jaune et sa queue
marbrée. Il est doux et familier. C'est l'ami des
jardins. Il se plaît dans le voisinage des habitations
et dans la société des hommes.

L'allée de gauche est la plus riche et la plus
variée. Là, au pied du mur, j'ai planté des cannes à
sucre dont les *chippes* croissent en ce moment de
tous côtés ; ici j'ai semé du *café nègre*. Au bout d'un
mois il avait poussé, grandi, fleuri, et me donnait,
quelque temps après, des gousses dont les cavités
contenaient des graines plates, de la grosseur d'une
lentille. Ces graines, séchées au soleil, puis torréfiées
et moulues, offrent un café savoureux et parfumé
qui trompe les connaisseurs eux-mêmes. Pris à jeun,
il a des propriétés fébrifuges. Ici on ne le vend point ;
il pousse sans culture ; on n'a que la peine de le

cueillir. Quel succès lui serait réservé en France,
si on le connaissait!

Aux deux extrémités de ma plantation de café,
j'ai deux manguiers encore tout fleuris. Les fleurs
rappellent celles du marronnier et le fruit affecte
la forme d'une poire aplatie, allongée et légèrement
recourbée à la pointe. Il renferme un noyau chevelu
qui retient la pulpe autour de lui à l'aide de ses fila-
ments. Grâce à des greffes successives, on est par-
venu à multiplier les variétés des mangues. Cependant le Créole a une prédilection marquée pour le
mangot non greffé. Le manguier sauvage est très
fécond et pousse de toutes parts dans l'île.

« Le malheur de notre pays, me disait un homme
d'esprit et de bon sens, c'est de produire des manguiers et des arbres à pain. Sur tous les chemins on
trouve, en toute saison, de quoi manger, à portée de
la bouche. Comme on n'a pas besoin de gagner sa
vie, on se laisse gagner par la paresse. » Il y a du
vrai dans cette boutade.

Mon jardin possède aussi un arbre à pain qui
mêle ses feuilles à celles des deux manguiers. Il
porte à la fois des fleurs et des fruits sans interrup-
tion. Le fruit atteint les dimensions d'un gros melon.
Quand on le cueille, on le larde de coups de couteau
pour donner une issue au lait qui en jaillit avec
abondance. Les Créoles pauvres le mangent en guise

de pain, comme les paysans mangent les pommes de
terre dans les Pyrénées.

Au centre d'un carré de coléus de toutes nuances,
aux larges feuilles charnues, a grandi un sapotillier.
La sapotille, souvent mauvaise, parfois exquise, a
une peau rugueuse, une chair bistrée et des graines
noires et luisantes.

Mes derniers carrés sont plantés de rosiers,
comme dans l'allée opposée, avec des bordures de
myosotis que j'ai fait venir du Morne-Rouge. Tout
au fond de l'allée, touchant le mur, se dresse un cor-
rossolier où se balancent d'énormes fruits, pareils à
des poires monstrueuses et armés de piquants. Le
corrossol contient une crème laiteuse fondante,
presque fluide, dont le goût sucré me rappelle la
pâte de guimauve. Dans le pays, on donne à ce fruit
le nom de *doux-doux*.

Me voici arrivé au point de départ. Mes deux
paniers sont combles. J'apporte des fleurs et des
fruits à foison. Tout cela est beau, tout cela est frais,
tout cela est doux. Eh bien! me croirez-vous? Je
donnerais ma récolte entière pour une poignée de
cerises de Toulouse.

XXI

LE MAHAUT ET LES SURPRISES DE SA SAVANE

Le Lamentin vu du Mahaut. — Une savane merveilleuse. — Le
trigonocéphale. — La chasse dans la savane. — Comment on
laboure et comment on plante à La Martinique.— Le dompteur
de serpents. — Un champ d'herbe de Para. — L'hospitalité au
Mahaut.

C'est un joli village que le Lamentin, avec ses
maisons coiffées de toits rouges et coquettement
groupées au bas d'une rieuse colline, dorée de soleil,
un peu au-dessus de la rivière Longvilliers! Mais il
gagne encore à être contemplé du Mahaut qui le
domine. Au Mahaut, on jouit d'un recul suffisant
pour embrasser le Lamentin et le paysage qui lui sert
de fond et de cadre jusqu'aux mornes bleuâtres qui
ferment l'horizon.

Vous ne savez pas ce que c'est que le Mahaut?
C'est une habitation simple, avec un air de chalet
suisse tout ajouré. C'est construit contre le soleil.
Ce qu'on recherche à La Martinique, c'est le grand

air, l'espace et la fraîcheur. Au Mahaut, on a tout à souhait.

Le rez-de-chaussée est composé d'un fumoir, d'un salon et d'une salle à manger. Dans le fumoir, spacieux et aéré, sont disposées des chaises longues, des berceuses, des hamacs, où chacun peut se reposer à sa guise. Cette pièce s'ouvre sur une terrasse encadrée d'un parterre touffu et fleuri. Au-dessous du parterre commence l'émerveillement.

Une savane descend, se déroule et s'étend jusqu'aux rives herbues du Longvilliers, vers le village, et ne s'arrête, à droite et à gauche, qu'aux pieds des mornes qui bornent la vue. Qui de nous n'a conservé le souvenir des ombreuses et attirantes prairies des Pyrénées? Eh bien! au Mahaut c'est cela, mais avec quelque chose de plus : c'est une prairie aussi rayonnante, mais plus vaste. Elle s'étend à fatiguer les yeux. Elle est traversée, d'un côté, par la route qui relie Fort-de-France au Lamentin, et, de l'autre, par un cours d'eau, bordé de goyaviers, plus grand qu'un ruisseau et plus petit qu'une rivière. Dans cette immensité de verdure paissent des troupeaux de bœufs, sans étables, presque sans soins, passant les nuits, couchés çà et là, à la belle étoile.

Le fond de la savane, qui côtoie la rivière Long-villiers, est humide et un peu marécageux. C'est le rendez-vous des bécassines, des pieds-jaunes et des

dos-rouges qui viennent tournoyer dans le ciel, par
compagnies nombreuses, au-dessus de cette plaine,
et puis s'abattre au milieu des innombrables îlots de
verdure qui émergent de tous côtés.

Je contemplais ce spectacle reposant, il y a quelques jours, du haut de la terrasse, et je disais à mon
hôte : « C'est grand dommage qu'une si belle mé-
daille ait un tel revers ! On voudrait se rouler dans
cette herbe, se baigner dans ce ruisseau, jouir de
cette fraîcheur et de cette ombre en toute sécurité ;
mais il y a les trigonocéphales, les scorpions, les
mille-pattes, lss bêtes-rouges, les maringouins, les
chiques, qui rendent ce paradis dangereux et inha-
bitable. »

Mon hôte m'interrompit : « Chaussez ces bottes
imperméables, me dit-il brusquement, coiffez ce large
panama, prenez ce fusil et cette cartouchière et venez
voir de près ce que vous blâmez à distance. »

J'obéis, et quand je fus en état, nous descendîmes
dans la savane. En cheminant le long du ruisseau,
par un sentier humide, et tout en grignotant des
goyaves encore vertes, il me disait :

— « J'en jure Dieu ! La Martinique vaut mieux
que sa réputation. Je sais qu'en mettant le pied sur
notre sol hospitalier, chaque étranger éprouve une
invincible appréhension. On est exposé, dit-on, à y
rencontrer des serpents dans les bois, dans les haies,

dans les chemins, dans les rues et jusque dans son
lit. Il y a danger à s'aventurer dans les herbes; il
est interdit de se livrer à la chasse à travers bois et
champs, et à la pêche le long des rivières. Voilà ce
que l'on dit et bien d'autres choses encore. »

— « Et n'a-t-on pas raison? m'écriai-je! »

— « Hé quoi! reprit-il, n'y a-t-il pas de terribles
vipères même en France? On a vu des serpents dans
presque tous les pays, et jusque dans le paradis terrestre, si nous en croyons les Saintes Écritures. A La
Martinique, on en trouve plus qu'ailleurs, j'en con-
viens. On y tue le trigonocéphale. Mais il ne faut
rien exagérer. Bien des gens n'en ont jamais vu.
Vous êtes peut-être dans ce cas. J'ai entendu des
chasseurs forcenés, battant du matin au soir les
halliers des mornes, affirmer que le serpent est un
mythe. C'est encore là une exagération du pays de
Gascogne. En somme, les légendes se forment vite.
Pour nous noircir aux yeux du monde, il suffit
d'un mot répété avec conviction, d'un article de
journal, d'une notice superficielle sur notre pays, de
la brochure d'un demi-savant qui passe huit jours
chez nous et prétend nous connaître et nous juger.
Songez qu'on va répétant que les nègres sur les
habitations se gardent de tuer les serpents et en
favorisent même la reproduction, parce que ces rep-
tiles font la chasse aux rats, engeance dévastatrice

qui ronge la canne à sucre et la saigne au ras du
sol. On a poussé la plaisanterie jusqu'à répandre le
bruit que La Guadeloupe jalouse La Martinique qui,
plus favorisée, possède des serpents, tandis que
l'île-sœur en est dépourvue malgré les efforts qu'elle
a faits pour les acclimater chez elle.

Le docteur Rufz de Lavison n'a pas été étranger
à cette puérile légende. Dans ses écrits, il donne
asile à toutes les historiettes que les nègres racontent sous les ajoupas pour égayer leurs veillées.
Il répète, de fort bonne foi d'ailleurs, mais avec un
sérieux comique, qu'un serpent s'était un jour glissé
dans un hamac où dormait une négresse qui allaitait
un nourrisson. Elle avait la poitrine nue. Le serpent
prit le sein libre et se mit à têter avidement ;
puis, repu, il se glissa hors du hamac en balançant
sa tête visqueuse avec une volupté gourmande. Or,
le docteur, membre de l'Académie de médecine,
aurait dû savoir que le serpent n'aime pas le lait et
que, s'il voulait têter, la rigidité de ses lèvres l'en
empêcherait. »

En parlant ainsi, nous étions arrivés dans la
partie marécageuse de la savane. Devant nous se
levaient des bécassines avec un bruit lourd d'ailes
humides. Au-dessus de nos têtes tournoyaient, en
décrivant de larges cercles, des compagnies de dos-
rouges que nous tirions aisément, lorsque dans leurs

évolutions elles passaient à portée de nos fusils. Les chiens sont inutiles ici. Un petit nègre, demi-nu, s'élance vers le gibier abattu et nous l'apporte.

J'étais si occupé par cette chasse toute nouvelle pour moi que je marchais en tous sens sans songer aux serpents. Mon hôte me dit :

— « Voyez-vous là-bas ce noir qui laboure ? C'est un *quimboiseur*[1] ! Il prétend dompter les serpents et il le fait croire. »

Je fis un geste d'étonnement.

— « Donnez votre fusil à mon domestique, ajouta-t-il, et venez. Si notre homme est bien disposé et s'il a un serpent sous la main, il nous donnera une séance intéressante et rare. »

Nous remontâmes vers la route qui traverse la propriété. Je vis là un noir labourant. Il tenait le mancheron d'une charrue grêle, et fort primitive : elle était composée d'un coutre vacillant et d'un soc prolongé en versoir et étançonné à la flèche. Deux bœufs alertes étaient attelés à cette charrue et allaient bon train, aiguillonnés par le nègre.

— « Est-ce ainsi qu'on laboure chez vous, m'écriai-je ? » En effet, la charrue grattait légèrement la croûte du sol, laissant des sillons à peine visibles.

— « Pourquoi bouleverser la terre ? me répon-

---

1. Jeteur de sortilèges ou *quimbois*, en langue créole.

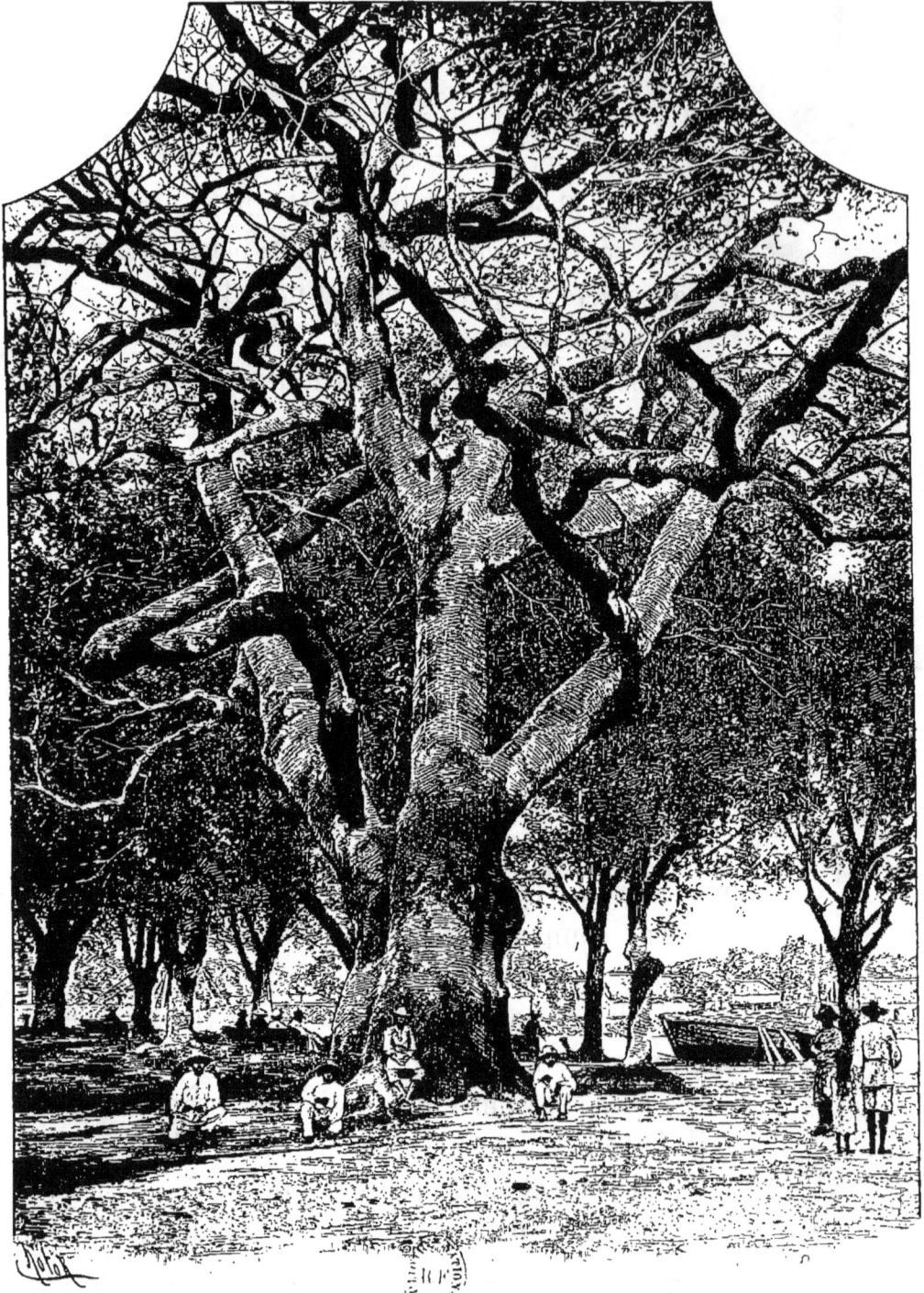

LE SABLIER DES ALLÉES DE LA GRANDE SAVANE DE FORT-DE-FRANCE

(D'après une photographie)

dit-il. Il suffit d'en gratter la surface et d'y déposer la semence ou les plants. Le soleil et la pluie font le reste à merveille. »

Derrière le laboureur, deux négresses portant sur le bras gauche une gerbe de tiges d'herbe de Para, alignaient ces tiges, une à une, en travers du sillon, puis les chargeaient d'une petite motte de terre pour les forcer à toucher le sol.

— « Comme tout cela vous paraît arriéré, n'est-ce pas? me dit mon hôte. En France, vous tournez et retournez la terre, vous la fumez, vous la hersez; vous attendez la saison propice pour les semailles, et ensuite, avant la récolte, vous sarclez, vous binez, travaillant sans relâche et luttant contre les gelées ou contre la sécheresse, avec la crainte aiguë des mécomptes et des dommages, tandis qu'ici, vous le voyez, il suffit qu'un nœud de la tige de mes plants touche la terre pour qu'il en jaillisse aussitôt des racines à ce contact. Or, il pleuvra ce soir; j'aurai du soleil demain; dans quinze jours je pourrai faire la première coupe. »

Il s'interrompit.

— « Michel, dit-il en s'adressant en langue créole au laboureur, prouve à ce béké-là que tu sais prendre les serpents et les dompter, quand tu le veux[1]. »

---

1. Voir gravure, page 159.

Le noir se fit prier un peu, puis lâcha le mancheron, arrêta ses bœufs et se dirigea vers un hallier
voisin couvrant de grosses roches. Il revint bientôt
après, tenant fortement par le cou, dans sa main
droite crispée, un énorme trigonocéphale dont la
tête seule sortait du poing, tandis que le reste du
corps s'enroulait furieusement autour du bras et des
reins du nègre, faisant des efforts hideux pour
échapper à l'étreinte.

Quelques ouvriers qui travaillaient dans le voisinage étaient accourus vers nous. Ils se tenaient à
distance et manifestaient autant de crainte que de
curiosité. Le dompteur nous fit signe de nous écar-
ter; puis il saisit le corps du serpent de la main gauche, le détacha du bras droit qu'il enserrait et le jeta
hardiment sur le sol. Le serpent se *lova* aussitôt et
éleva au-dessus de ses spirales sa tête menaçante,
prêt à s'élancer. Le nègre saisit son aiguillon et se
mit à tourner rapidement autour du reptile, tout en
se maintenant hors de sa portée [1]. Il traça ensuite
un cercle autour de lui, fit certains signes pour en
imposer aux spectateurs, allongea le bras et toucha
le serpent de son aiguillon. Celui-ci se détentit brusquement et s'élança vers le dompteur, mais sans

---

1. Quoi qu'on en ait dit, le serpent qui attaque ne peut guère
s'élancer au delà de la moitié de sa longueur.

l'atteindre. Avant que le trigonocéphale allongé sur le sol, impuissant à se défendre, se fût *lové* de nouveau, le nègre, avec une dextérité incroyable, le saisit par le cou, comme la première fois, et nous le montra avec orgueil.

— « Tuez-le, tuez-le ! » lui crièrent les ouvriers.

— « Non, répondit-il, le *quimboiseur* ne tue pas les serpents. »

Et en effet, il le déroula de son bras et le projeta au loin dans les herbes. Nous vîmes le reptile se glisser aussitôt dans les ronces et disparaître.

Je complimentai le nègre de son habileté et de son sang-froid. Il reçut négligemment mes éloges, reprit sa charrue, piqua ses bœufs et se remit à sa besogne.

— « Voilà la preuve qu'il y a des serpents à La Martinique, me dit mon hôte. C'est un des plus beaux que j'ai vus. Les taches de sa peau sont d'un jaune splendide. Il doit avoir près de deux mètres de long. Sa tête triangulaire était horriblement belle. C'est le véritable fer de lance. Ils sont assez rares. Mon laboureur connaissait sa retraite. Car le serpent ne sort que la nuit pour chasser. Aussitôt que le jour paraît, il se cache. Il n'attaque jamais l'homme si ce n'est quand il est surpris et qu'il se voit menacé. Il n'est dangereux que lorsqu'on ne le voit pas. *Serpent vu, serpent mort,* dit un proverbe créole. Au reste, il

est lâche, et je le crois sourd. Voilà tout ce que j'en
sais.

— « Vous savez aussi, lui dis-je, que la blessure
qu'il fait est mortelle? »

— « Non, me répondit-il, pourvu que le blessé
reçoive des soins immédiats. Ce n'est que rarement
que sa morsure entraîne la mort. »

En parlant ainsi, nous remontions vers l'habitation par le côté gauche de la savane. Nous péné-
trâmes dans un champ d'herbe de Para, qui donne
plus de dix coupes par an. Et de vrai, l'herbe était
si haute qu'elle nous venait aux épaules et nous
fouettait le visage. Elle était drue et d'un vert sombre.
Nous nous enfoncions au hasard, à plein corps,
dans cette fraîcheur vierge qui nous enveloppait et
nous baignait. Cette sève courant dans ces tiges
charnues et ployantes, cette senteur âcre de la
nature plantureuse, ces gouttelettes d'eau dont nous
aspergeait l'herbe frémissante que nous froissions au
passage, cette atmosphère troublante de terre en
travail, me mettaient en tête des grisements de
printemps.

En sortant tout humides de cette forêt d'herbes,
nous gravissons, inondés d'un soleil éblouissant, à
travers une plantation d'arbres fruitiers, le morne
sur lequel s'élève l'habitation. Le déjeuner nous
attendait. Des gerbes de fleurs embaumaient la salle

à manger; des corbeilles de fruits merveilleux paraient la table. Quel festin et quelle hospitalité!

Aussi, quand je veux trouver le repos, le calme, la paix pénétrante des champs, je cours au Mahaut; et lorsque mes occupations me retiennent à la ville, j'oublie parfois mon travail et je reste immobile, la plume en main, les yeux fixes, pendant que mon imagination me transporte vers ces bonnes journées où j'ai éprouvé si pleinement la joie de vivre sans ennuis, sans préoccupations, sans aucune crainte des serpents.

XXII

LE JARDIN DE SAINT-PIERRE ET LA SAVANE
DE FORT-DE-FRANCE

Une forêt vierge dans un jardin public. — Le torrent. — Le lac. — La cascade. — Arbres géants et lianes gigantesques. — Antithèse. — Nudité de la prairie de Fort-de-France. — La statue de l'impératrice Joséphine. — Nostalgie. — Comment on songe à l'Algérie et à de Goncourt. — Le vert et le bleu.

Hier je sortais du jardin public de Saint-Pierre, par un temps printanier, avec je ne sais quel apaisement heureux; aujourd'hui, par un ciel lourd, sur la savane de Fort-de-France qui sert de promenade publique, je me sens attristé comme elle. Nous sommes, sans pouvoir nous en défendre, comme un miroir reflétant le deuil ou la joie du monde extérieur.

Le jardin de Saint-Pierre est une des merveilles du monde, mais une merveille inconnue. On y jouit de tous les enchantements qu'offre une forêt vierge. La savane de Fort-de-France est revêtue d'une tris-

tesse désolée. Sa nudité morne nous assombrit malgré nous.

La ville d'Enambuc possède le plus prodigieux
jardin qu'il soit donné de voir. C'est une forêt d'arbres
gigantesques, de feuilles monstrueuses et de lianes
démesurées. Je l'ai visitée hier, après une ondée,
pendant qu'elle était à la fois ruisselante de pluie et
rayonnante de soleil. Elle est resserrée entre la
route qui mène au Morne-Rouge et les hauteurs
escarpées du Parnasse. Au lieu des squares de nos
villes de France à l'air propret, où les allées sont
coquettement ratissées, les arbres alignés militaire-
ment, et les pelouses rasées de frais, on pénètre ici
par des sentiers sombres dans des profondeurs
mystérieuses, sous des arbres géants où sont suspendues d'étranges fleurs. On côtoie un torrent qui
roule avec des bouillonnements ses eaux dans les
roches moussues et d'où s'élèvent des bouquets de
touffes chevelues et des massifs charnus de plantes
aquatiques.

Les allées sont percées dans un inextricable
fouillis d'herbes, de plantes, de ronces et d'arbres[1] si
rapprochés et si élevés qu'on n'en voit pas la cime.
Les nœuds de leurs racines crèvent la surface du
sol et traversent à nu les allées comme des crampons.

1. Voir gravure, page 171.

Les palmistes à colonnes, les fromagers, les sabliers,
les frangipaniers roses, les mombins, les flamboyants,
tous ces rois de la végétation tropicale ont leurs
épaules couvertes d'un manteau de fleurs et de feuilles
de lianes qui retombent jusqu'au sol en franges fré-
missantes. Ces lianes envahissantes attachent leurs
racines sur l'arbre même et lui disputent sa sève. Il
y a des palmiers dont le tronc est vêtu jusqu'au
sommet d'une masse velue et humide dans laquelle
vivent en parasites des touffes de joncs fins, des
choux joufflus et des fougères aux larges parasols.

Toutes les allées aboutissent à une lumineuse
éclaircie, au centre même du jardin, où s'étend un
lac dormant avec des îlots éveillés par les oisillons.
Sur ces îlots se développe grand ouvert l'éventail de
l'arbre des voyageurs. Çà et là, à la surface de l'eau,
des lis aux teintes violettes viennent ouvrir doucement les yeux. On fait le tour du lac en quelques
minutes; mais quel silence y règne, et quel isolement
on y trouve!

Le lac est alimenté par une cascade dont on
entend le murmure lointain et dont on entrevoit par
instants, à travers le feuillage, la nappe, blanche
d'écume, qui tombe à pic du haut de l'escarpement[1].

L'allée qui y conduit suit le torrent qui est bordé

1. Voir gravure, page 183.

par des arecquiers, des chênes d'Amérique, des fi-
guiers maudits et des roseaux prodigieux de hauteur.
L'allée et le torrent sont serrés entre deux murs de
verdure qui s'unissent en demi-cercle, barrent le
chemin et forment un cul-de-sac. Du haut de ce demi-cercle la cascade se précipite, d'une élévation de
50 mètres environ, dans un bassin d'où, assourdis-
sante, elle roule dans le lit du torrent.

Si on fait face à la cascade, dans l'enveloppement
obscur du feuillage et si on lève les yeux, on voit
au-dessus de la nappe tombante, à travers l'emmêle-
ment des branches, une échappée de ciel et des scin-
tillements de soleil dans les profondeurs vierges de
la forêt. Cette cascade semble sortir de cette trouée
de lumière, sous des arbres curieux et penchés qui
la regardent tomber et sous des bambous flexibles
secoués de frissons par le courant.

Ce coin prodigieux qu'aucune main ne déflore,
ces mystères troublants de fécondation effrontée,
cette poussée de sève, cet enchevêtrement de branches,
cet envahissement de lianes, cette fraîcheur, ce silence,
ces profondeurs, ces rayons dans les hautes cimes,
ces reflets, ces éclairements subits ont une saveur
inconnue que j'ai goûtée délicieusement.

Aujourd'hui se venge d'hier. C'est un jour de
tristesse. Tout me paraît noir. Je suis assis sur un
banc, tournant le dos à la baie des Flamands, le

MULATRESSE EN COSTUME DU PAYS

(D'après une photographie

regard arrêté sur la verdure de la savane de Fort-
de-France [1]. C'est une vaste prairie, banale, de forme
carrée, écornée au sud par les talus du fort Saint-
Louis, rafraîchie par la brise de la rade qui la baigne
à l'ouest et bordée sur ses quatre côtés d'une allée
continue qu'ombragent des tamariniers, des manguiers et des sabliers géants [2]. C'est là que viennent
déboucher les principales rues de la ville qui s'étend
au nord. Les maisons sont en bois, à un seul étage.
La ville est plate, sans caractère. On n'y trouve pas
de monuments. Le sol n'offre aucune consistance et
il est difficile d'y asseoir des fondations solides. Ni
théâtres, ni édifices d'aucune sorte. Le palais de
justice n'est pas un palais; l'hôtel du gouverneur
n'est pas un hôtel; aucune architecture, aucun art,
aucun caractère. Au loin, en face, le château d'eau
Gueydon, qui atténue la monotonie de cette plati-
tude.

Au centre de la savane, au milieu d'un cercle
régulier formé par d'immenses palmistes, se dresse
la statue de l'impératrice Joséphine, négligée, délais-
sée et salie de coulées d'une mousse fuligineuse qui
la ronge comme une lèpre.

Les allées, endormies sous l'ombre, ne s'éveillent

1. Voir gravure, page 99.
2. Voir gravure, page 195.

14

que vers cinq heures du soir, lorsque les fonctionnaires, après la fermeture des bureaux, viennent y
chercher la fraîcheur. On y respire plus à l'aise lorsque la brise de terre se lève, vers le soir; on cherche
à y oublier les ennuis du jour; on y commente les
nouvelles du dernier courrier et on y parle intime-
ment de la France.

Le dirai-je? C'est là surtout que la nostalgie
m'envahit invinciblement, je ne sais pourquoi. Cette
grande prairie, où nul ne passe, est triste; cette
statue isolée, où nul ne touche, est lamentable; ces
palmistes au tronc nu ont un aspect funèbre et
semblent entourer un tombeau. L'herbe n'y est
jamais foulée; elle est raide, drue, gorgée de sève,
d'un vert obscur; elle a l'air sournois. Pas une fleu-
rette, pas un papillon, pas une coccinelle. Comme
cela ressemble peu aux prairies de mon pays! Chez
nous la prairie c'est le tapis où les enfants se roulent
parmi les pâquerettes et les boutons d'or, où le
grillon chante le soleil, où les cétoines s'enfarinent
de pollen dans le calice des fleurs, où, après la fau-
chaison, le foin embaume l'air, quand on le retourne
en *batifolant* pour le faire sécher. Ici au contraire,
l'herbe des prairies, ou plutôt des savanes, a ses
rangs si pressés qu'elle ne laisse pas de place aux
fleurs. C'est de la verdure sans une tache. Les enfants hésitent à s'y aventurer par crainte des mille-

pattes et des bêtes-rouges, poux microscopiques,
dont la piqûre est fort douloureuse. Les papillons
n'y voltigent pas parce qu'il n'y a rien à butiner.
Tout cela est plus mort qu'un cimetière.

Et, mes yeux se fermant, je revoyais l'Algérie.
Là-bas, ce qui charme c'est la paix qui semble dé-
couler de toutes choses; ce qui séduit, c'est le ciel
tout bleu, clair, limpide, transparent. Cet azur, rouge
de soleil, vous enveloppe et vous pénètre. Alger la
blonde a des yeux bleus d'une enivrante douceur.
On oublie tout à les contempler. La note exquise
que de Goncourt a consacré à l'Algérie dans son
journal me revenait à la mémoire. Lui aussi, en
pensant à ce pays heureux, se sentait ramené au
meilleur temps de sa vie, à ses jours d'Alger :
« Quelle caressante lumière ! écrivait-il. Comme ce
climat vous baigne dans sa joie et vous nourrit de je
ne sais quel savoureux bonheur ! La volupté d'être
vous pénètre et vous remplit; et la vie devient une
poétique jouissance de vivre. Rien de l'Occident ne
m'a donné cela; il n'y a que là-bas que j'ai bu cet
air de paradis. »

La Martinique est toute verte comme l'Algérie
est toute bleue. Ce n'est pas le ciel qui nous fascine,
c'est la terre. Pas un pouce de terrain d'où la végétation ne déborde. Les plantes sont vivaces et les
feuilles résistantes. Les arbres forment des masses

compactes de feuillage à travers lesquelles on ne
surprend nulle clarté. Ce vert reste sombre, immobile et implacable sous un soleil de plomb. Les vents
seuls remuent ces lourdes masses qui ont alors de
terribles colères.

Le charme du souvenir d'hier ne peut vaincre
la tristesse qui m'envahit devant le spectacle que j'ai
sous les yeux. Oh! qui me rendra jamais les mos-
quées blanches et les maisons bleues d'Alger, les
bois d'oliviers sauvages, embaumés de cyclamens
qui entourent El-Biar et les vignes fécondes qui
couvrent la plaine du Sahel!

XXIII

LES HABITANTS DE LA MARTINIQUE. — RACE CRÉOLE

Vie et nature des Créoles. — Leur caractère. — Le croisement.
— Quelques mots sur les Caraïbes. — Blancs, mulâtres et
noirs. — Classe dirigeante. — Une séance du Conseil général.
— Le mulâtre dans la vie publique et dans la vie privée. —
Un portrait original. — La population noire. — Histoire d'une
négresse et d'un bouquet. — Conseil qui ne sera pas suivi.

Comme l'homme, les peuples sont ondoyants et
divers. Il est difficile de les immobiliser pour fixer
leurs traits généraux et arrêter les lignes principales
de leur physionomie. Leur marche est ininterrompue.
Par conséquent les jugements portés sur eux ne
peuvent avoir la prétention d'être définitifs.

Cependant je ne résiste pas à la tentation de dire
mon avis sur le peuple de La Martinique, bien qu'il
soit né à peine d'hier, qu'il soit composé d'éléments
hétérogènes et qu'il cherche encore sa voie sans
orientation fixe.

Sa vie est ouverte et s'étale à tous les yeux. Sa
nature débordante ne veut pas être contenue. Les

habitants ne savent ni s'enfermer ni marcher dans l'ombre. Ils ont besoin d'espace et de clarté. Ils se montrent jaloux de leur liberté, avides d'égalité, ardents à la lutte, et en général impatients devant les obstacles, tenaces dans leurs haines et implacables envers leurs ennemis. Leur caractère est irritable, ombrageux même. Ils pardonnent difficilement une injure, surtout si elle blesse leur amour-propre. Pour satisfaire leurs vengeances et atteindre sûrement leurs ennemis, ils ne s'arrêtent devant aucune considération. Ils pénètrent dans la vie privée et y frappent d'estoc et de taille. Dans leur impitoyable colère, ils attaquent en face mais leurs coups sont terribles. « Demain, me disait l'un d'eux, en menaçant ses ennemis du geste et du regard, je lèverai les jupons de leurs femmes et de leurs mères et je les fouaillerai publiquement. » Et dans un journal à sa dévotion il tint parole.

Ces défauts et ces qualités peuvent trouver une explication ou une justification dans l'origine de ce petit peuple, dans l'antagonisme des races qui le composent, dans la différence de couleur, dans les souffrances du passé, dans les luttes et les inquiétudes du présent.

La Martinique depuis trois cents ans est comme le vaste théâtre du croisement de deux races opposées, la noire et la blanche. La race de couleur est

née de ce croisement. Et chose vraiment étrange!
les blancs et les noirs, malgré les liens qui devraient
les unir, malgré la lignée sortie d'eux, sont restés
ennemis irréconciliables, séparés par un abîme, la
couleur.

Les Caraïbes qui occupaient l'île quand Christophe Colomb aborda au Carbet en juin 1502, et
plus tard encore, quand, en 1635, de L'Olive, Du-
plessis, et ensuite d'Enambuc prirent possession de
La Martinique, ne contribuèrent pas à ce croisement. C'était une race belliqueuse, vindicative, fière
de sa liberté et la défendant jusqu'à la mort. Aucun
rapprochement ne s'opéra entre les indigènes et les
conquérants. Cette peuplade a disparu sans laisser
de traces. On trouve bien encore, dit-on, quelques
types de la race caraïbe, mais cette assertion n'est
pas suffisamment établie.

Ce qui est certain, c'est qu'en 1674, après la ré-
vocation de la compagnie des Indes, quand la *propriété, seigneurie* et *domaine* de la colonie furent
réunis à la couronne de France, les seuls habitants
de l'île étaient les colons répartis en deux classes :
les *immigrants* venus à leurs frais et à qui, moyen-
nant des redevances annuelles de coton et de tabac,
on accordait des concessions de terrain ; et les *enga-
gés,* recrutés à Saint-Malo, au Havre et à Dieppe et
qui, transportés gratuitement, se louaient pour trois

ans au bout desquels ils recevaient comme conces-
sion vingt-cinq hectares de terre.

Autour de ce noyau de race blanche, on intro-
duisit par la traite, quelque temps après l'occupation
de l'île, les noirs d'Afrique. C'est du rapport des
maîtres et des esclaves, des Africains et des Européens, des blancs et des noirs que naquirent les
métis.

Les *métis* ou *mulâtres* qu'on appelle encore par
euphémisme *gens de couleur*, sont aujourd'hui la
classe dirigeante à La Martinique. Ils marchent à
égale distance des noirs et des blancs. Les blancs
refusent parfois de leur tendre la main; ils ne tendent pas toujours la leur aux nègres. En somme ils
sont isolés et luttent entre les noirs, couche montante, jeune, gonflée de menaces, et les blancs couche
vieillie qui s'effrite et s'effondre.

Il est cependant regrettable que les anciens
maîtres, blancs Créoles, appelés *békés* dans le patois
local, se soient prématurément résolus à vivre à
l'écart. Cette classe s'est enfermée chez elle et laisse
dédaigneusement les mulâtres se débattre à leur
guise. Ils ont aimé les mères, mais ils renient les fils.
Ils ne leur pardonnent pas d'avoir dans les veines
du sang d'esclave. Pour être admis dans leurs cercles
circonspects il faut d'abord avoir montré patte
blanche. C'est le faubourg Saint-Germain de La Mar-

tinique. On dit pourtant qu'une seule fois les békés ont admis un mulâtre dans leur société, mais après lui avoir d'abord accordé le titre de blanc par collation.

Les blancs sont volontairement sortis des assemblées publiques où leur expérience des affaires leur réservait une place. Ils n'ont pas pu se résigner par patriotisme à voir la majorité du Conseil général passer entre les mains des mulâtres et ils ont protesté contre les élections générales, en refusant tout concours au pays et en se retirant avec rancune sous leurs tentes. C'est une faute lourde.

Les blancs de La Guadeloupe sont restés dans la vie publique et malgré leur petit nombre ils exercent sur la marche des affaires une influence heureuse. L'attitude des blancs de La Martinique mérite d'être sévèrement jugée. L'agitation qui règne dans ce petit pays a pour cause l'abstention obstinée de cette classe renonçant à prendre part aux affaires publiques, à y apporter l'autorité de sa parole et à éclairer la marche d'une majorité ardente et encore inexpérimentée. Il en résulte que le Conseil général, sans contre-poids, perd souvent l'équilibre, bascule et se relève difficilement.

Malgré cette désertion et les difficultés dont elle a été cause, les hommes de couleur ont cherché avec courage et confiance à tenir ferme le gouvernail et

à naviguer sur une mer périlleuse. Ils sont entrés
hardiment au Conseil et ils ont abordé toutes les
questions. Avec une ardeur peut-être trop impatiente,
ils ont étudié, discuté, élucidé, résolu tous les pro-
blèmes financiers intéressant les services publics
et ils ont réussi à aligner nettement leur budget.
En somme ces hommes, dès leur arrivée au pouvoir, ont su l'exercer et s'y maintenir. On ne peut
leur adresser qu'un reproche, c'est de ne pas vouloir se cantonner dans leurs droits. Quoique les
décrets et les sénatus-consultes leur aient attribué
des pouvoirs excessifs, ils les outrepassent encore
par besoin d'expansion, par débordement spontané,
et ils empiètent cavalièrement sur les droits réservés
au gouverneur, sans crainte des conflits.

Une séance du Conseil général c'est une tempête
déchaînée. La houle ne cesse pas un seul instant. Le
président n'obtient jamais le calme complet. Il est
rare qu'un orateur puisse dominer les clameurs
tumultueuses qui s'élèvent dans la salle et qu'il par-
vienne à empêcher les apostrophes, les interruptions
et même les injures personnelles. Cependant, grâce
à sa bonne trempe, à ses poumons puissants et à son
verbe sonore, le créole pérore au milieu du bruit.
Les mulâtres, qui sont amoureux du beau langage,
manient avec une extrême facilité la langue française
et développent leurs idées avec éloqence, parfois

MULATRESSE DE 15 ANS

(D'après une photographie)

avec emphase. S'ils ne se font pas toujours écouter, ils s'écoutent eux-mêmes avec quelque complaisance; mais ce défaut de jeunesse, qui n'est pas toujours apparent, n'a rien de choquant.

Il y a un puissant intérêt à assister à ces orages subits soulevés par une apostrophe, à ces immenses protestations qui couvrent la parole d'un orateur, à ces improvisations chaudes, à ces violentes accusations, à ces diatribes enflammées, à ces accès de franchise loyale et brutale qui surprennent et désarment.

Dans la séance du 14 décembre 1887 [1], un membre du Conseil se plaignait amèrement de voir qu'on réservait les bourses du pensionnat colonial aux filles naturelles des personnages influents de la colonie. A ces paroles M. X., conseiller général, bondit hors de son banc et s'éleva avec indignation contre la tendance que manifestait l'Assemblée de proscrire les filles naturelles et termina en s'écriant : « Oubliez-vous donc votre origine ? Messieurs, nous sommes tous des bâtards ici ! »

Cette ardeur exubérante qui agite le mulâtre dans la vie publique tombe et s'éteint quand il rentre dans la vie privée. Ce même homme qui se grise de mots,

---

1. Voir le Recueil des délibération du Conseil général. — Imprimerie du gouvernement. — Session ordinaire de 1887.

s'échauffe pour un nom et s'emballe pour un rien,
sent, en retournant chez lui, sa nature s'apaiser et
s'amollir. Dans sa maison il devient inactif, rêveur,
un peu endormi même. Il a une tendance à l'oisiveté
sous le climat si heureux de son pays. Au reste la
terre, dans son étonnante prodigalité, lui donne tout
à souhait, sans réclamer de grands soins en échange.
Il est bien le roi, mais le roi fainéant, de ce paradis
terrestre. Au contact de cette nature abondante et
prodigue, il se montre, comme elle, princièrement
hospitalier et généreux. Il n'est heureux d'être riche
que pour dépenser. L'économie est considérée chez
lui et autour de lui comme un vilain défaut. A La
Martinique le tien et le mien ne sont pas bien mar-
qués. Ce qui est aux uns semble être aux autres.

Les hommes de couleur jettent leur fortune à
tous les vents, et quand leur prodigalité les a ruinés
ils n'en éprouvent aucun souci. Ils n'ont ni amer-
tume contre le sort ni irritation contre eux-mêmes.

Près de ma maison de campagne vit un homme
de haute mine, riche autrefois comme Crésus, pauvre
aujourd'hui comme Job. Il est plus fier qu'un Cas-
tillan. Il considère la pitié comme une injure et l'au-
mône comme un soufflet. Il a gardé je ne sais quoi
de chevaleresque qui attire les sympathies et les
conserve. Il ne se souvient pas du bien qu'il a fait
et n'a jamais su le nom de ses obligés. Sa gaieté est

bruyante et communicative. Il a l'abord brusque mais l'humeur égale. Comme j'admirais cette sereine philosophie, il me dit :

— « Je n'ai jamais regretté ma richesse et mon passé; et jamais je n'ai été plus heureux que depuis qu'il ne me reste pas un sou. »

Il habite une maisonnette autour de laquelle il cultive lui-même, à ses heures, des roses et des salades. Ses roses sont merveilleusement belles, elles se vendraient au poids de l'or; ses salades sont chétives et de mince valeur. Or il fait vendre strictement ses pauvres salades au marché et donne à pleines mains ses opulentes roses à ses voisins et à ses visiteurs.

Les mulâtres sont naturellement courageux et cependant ils éprouvent d'inconcevables terreurs. Ils craignent les sortilèges. On rencontre ici dans la basse classe des jeteurs de sorts. Il y a des nègres qui en font métier et en vivent. Ils composent à des prix variés des philtres appelés *quimbois* et envoûtent même au besoin.

Les hommes de couleur sont donc la partie agissante et vivante de La Martinique, en face des blancs qui se sont immobilisés chez eux de parti pris. Ceux-ci commencent par ne plus rayonner au dehors et finiront par s'éteindre au grand détriment de tous.

Quant à la population noire, anciens esclaves ou fils d'esclaves, elle forme la troisième classe. Dans

cette foule on sent par moments comme des frémissements et des murmures. C'est la couche qui
s'agite, s'élève et songe déjà à demander sa place au
soleil. Il ne suffira pas bientôt de lui adresser de
bonnes paroles et de la nourrir de viande creuse ;
il faudra que les premiers arrivés se serrent pour
lui faire une place afin d'éviter qu'il ne la prenne de
lui-même. Le noir en général n'est ni laborieux ni
économe. Comme il lui suffit de cinq sous par jour
pour se nourrir, il se repose durant quatre jours
quand il possède un franc d'avance. Aussi il reste
pauvre, misérable même. Il ne veut pas s'assujettir
à un travail régulier parce que cette sujétion lui
rappelle l'esclavage. Il travaille à son caprice, par
boutades. Il est orgueilleux à l'excès. Le clinquant le
séduit. Il aime les bijoux et les beaux vêtements. Son
rêve est d'être en tout semblable au béké ; et dans
cet esprit d'imitation il ne sait pas garder la mesure.

La négresse[1], jeune fille, mère ou vieille femme,
est insaisissable dans sa mobilité d'oiseau, dans la
spontanéité de ses sentiments, dans l'ondoiement de
sa vie de hasard. De la jeune fille s'exhalent comme
des effluves de bizarre poésie. Croiriez-vous que j'ai
vu une négresse de 10 à 12 ans, à qui sa maîtresse
avait donné deux sous pour son déjeuner, acheter

1. Voir gravures, pages 27, 39, 75, 135.

d'abord un petit pain, et ensuite, avec le sou qui restait, un petit bouquet? Elle se mit à manger son pain sec et, de temps à autre, elle portait les fleurs à ses narines avec une visible satisfaction. Un déjeuner composé de pain et, pour toute friandise, du parfum d'un bouquet! N'est-ce pas charmant?

La jeune mère a pour ses enfants une respectueuse adoration, surtout quand ils ont le teint moins foncé que le sien. On rencontre souvent dans la rue une petite mulâtresse, coquettement vêtue, se rendant à l'école les bras ballants, tandis que derrière elle marche discrètement une négresse qui, pieds nus, porte, comme une domestique, les livres de l'enfant: c'est la mère.

Quand la vieillesse est venue, les négresses en général se tournent vers la dévotion, dévident leur chapelet et suivent les processions. Celles qui ont eu une existence accidentée font amende honorable et, sur le tard, se préparent à leur première communion.

Mais quel que soit leur âge, les femmes du peuple mettent leur principale coquetterie dans l'arrangement de leur coiffure. Les fillettes se parent d'un foulard de soie, de teinte vive, tendu sur le front et relevé derrière la tête pour mettre à découvert leurs cheveux nattés et roulés avec soin [1].

---

1. Voir gravures, pages 75, 219.

Vers dix-huit ans, la jeune fille *prend tête*, c'est-à-dire, en langage du pays, échange le foulard contre le madras. Le madras est un large mouchoir des Indes, en coton, à grands carreaux voyants. A ces carreaux, des ouvrières spéciales ajoutent, avec le pinceau, des lignes et des bandes de couleur jaune de chrome. Cela s'appelle ici *calander* [1] le madras. On donne ensuite au madras, ainsi peint, la forme voulue, selon la personne à laquelle il est destiné. Mais quelle variété et quelle recherche dans la disposition des bandes jaunes, dans l'arrangement des plis, et surtout dans la rigidité et dans la direction des pointes des mouchoirs! Ces pointes affectent les formes les plus diverses pour s'harmoniser avec les physionomies. Tantôt elles sont fièrement dressées comme des crêtes de coq, tantôt écartées et ouvertes comme des ailes d'oiseau, tantôt enfin baissées vers la terre en signe de modestie [2].

Quand on est en deuil on prend, au lieu du madras, le mouchoir blanc. C'est la couleur qu'ont adoptée les vieilles femmes quand elles disent adieu aux joies et aux illusions de la vie.

Le peuple, hommes et femmes, marche toujours pieds nus, à l'exception des dimanches pour les offices.

1. *Calander* vient sans doute de *Calandrer* par corruption.
2. Voir gravures, pages 4, 27, 207, 219.

Je dois à la vérité d'ajouter que la femme à La Martinique, quel que soit son âge et quelle que soit sa classe, est serviable, dévouée, désintéressée et foncièrement honnête. Nul ne me contredira. Et s'il s'est rencontré des écrivains qui ont osé la méconnaître, l'injurier et la calomnier, tant pis pour ces écrivains ! Ils sont à plaindre.

Je conclus : les nègres sont cent mille ; les mulâtres ne forment pas un total de plus de cinquante mille. Il y a environ vingt mille blancs. Il serait à souhaiter que les mulâtres qui sont obligés de louvoyer entre les blancs et les noirs ne s'affaiblissent pas eux-mêmes par de stériles divisions. Or en ce moment la race de couleur, pleine de qualités heureuses, immobilise ses forces soit à piétiner sur place, soit à poursuivre des vengeances personnelles, soit à placer, avant les idées de concorde et d'apaisement, une ardente politique de combat.

XXIV

UNE SUCRERIE

Aspect général de la sucrerie. — Transport des cannes à sucre dans l'usine. — Le moulin. — Vesou et bagasse. — Où il est question du père Labat. — Conversation avec le directeur de la sucrerie. — De la défécation. — La lessive. — Les chaudières. — Procédés d'autrefois et procédés d'aujourd'hui. — Sucre de premier jet. — Résidus. — Rendement de la canne. — Tableau de l'usine en travail.

Les plus importantes sucreries de La Martinique sont établies dans l'intérieur des terres au centre même des plantations de cannes. Une seule a été construite à Fort-de-France, au sommet d'un angle formé par le rivage de la mer et l'embouchure de la rivière Levassor. C'est l'usine de la pointe Simon. Elle est admirablement située, aménagée avec intelligence et bien outillée.

C'est un immense édifice, à l'aspect de hangar, dont la toiture en tôle ondulée repose sur une charpente nue que soutiennent des piliers, alignés en double rangée, et formant des couloirs qui se croisent dans tous les sens. On pénètre dans l'usine de deux côtés ; par une entrée principale donnant sur la rue et, à l'extrémité opposée, par un *appontement* s'avançant dans la mer et établi sur des pilotis. Les ouvriers entrent par l'une et les cannes à sucre par l'autre.

Des canots plats, remorqués par de légères hirondelles à vapeur, viennent aborder à l'entrée qui s'ouvre sur la rade et y engouffrent sans relâche des chargements de cannes assemblées en petits faisceaux. Des nègres en emplissent les deux wagons qui attendent de front sur une double ligne de rails, à l'extrémité de l'appontement. Quand ils sont pleins, ils reculent à tour de rôle et versent en basculant leur contenu devant le moulin. Puis, d'une poussée, ils sont lancés à vide vers leur point de départ contre le butoir.

Le moulin, mû par la vapeur, se compose de deux cylindres ou tambours qui écrasent les cannes, comme les meules écrasent le blé. Le jus, appelé vesou, tombe dans un récipient d'où il est conduit par des gouttières dans un bac central. Pendant son trajet il reçoit dans les gouttières des injections de vapeur de soufre qui ont pour but de le décolorer. Du bac central il est envoyé, à l'aide de pompes, dans les chaudières à déféquer.

Quant à la *bagasse*, déchet des cannes, elle est

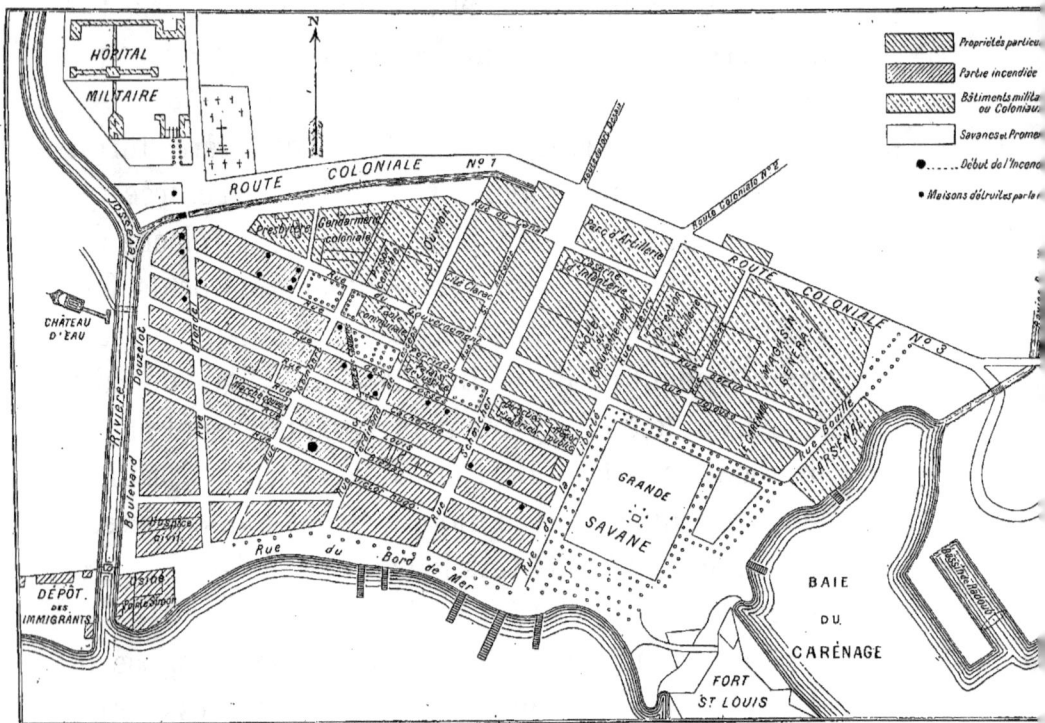

PLAN DE FORT-DE-FRANCE APRÈS L'INCENDIE DU 22 JUIN 1890

rejetée par le moulin, et tombe sur une longue et
large bande de toile tournant continuellement sur
elle-même, à l'aide de rouleaux sur lesquels elle
est fortement tendue. Cette bande joue le rôle de
monte-charge et conduit la bagasse dans un second
moulin où elle est pressée de nouveau, après avoir
été humectée d'eau au sortir du premier moulin par
le moyen d'un irrigateur cylindrique fixé en aval et
versant une pluie fine à jet continu. On conçoit aisément que les jus provenant de cette deuxième pression soient moins concentrés que ceux qu'a donnés
la première. Ils sont étendus d'eau et réclament une
cuisson et une évaporation plus prolongées.

Après cette seconde pression, la bagasse des-
séchée est réduite à l'état d'éponges. Elle a encore
une valeur, car on l'utilise comme combustible. Les
bandes de toile sur lesquelles elle est rejetée vont
la déverser mécaniquement dans la chauffe où elle
entretient un degré de calorique régulier et constant.

L'emploi de la bagasse comme combustible réa-
lise une importante économie, en même temps qu'elle
débarrasse l'usine d'un déchet encombrant. Les cendres servent d'engrais et sont répandues sur les
terres en exploitation.

Je venais de lire la description que le père Labat,
dans son ouvrage, nous donne d'une sucrerie, telle
qu'il l'avait organisée lui-même à La Martinique, en

1694. J'avais encore dans l'esprit ces moulins rudimentaires, moulins à vent, moulins à eau, moulins à bêtes de somme, qu'il décrit avec les détails minutieux d'un Nestor. Je revoyais les six chaudières juxtaposées dans lesquelles le vesou passe successivement pour se débarrasser de toutes les matières étrangères qu'il contient : la grande, la propre, la lessive, le flambeau, le sirop et la batterie. Je souriais encore au souvenir des explications qu'il fournit au sujet des noms des chaudières : « *la batterie* est ainsi nommée parce que le nègre est obligé de *battre* avec une pelle les bouillons que produit le sirop pour l'empêcher de déborder. »

Eh bien! le croirez-vous? j'ai retrouvé dans l'usine de la Pointe-Simon les mêmes chaudières qu'il y a près de deux siècles. Les noms seuls avaient changé. Comme je m'en étonnais, le directeur de l'usine me disait : le père Labat était arrivé, sinon à la perfection, du moins à l'organisation d'un système admirablement combiné. Les progrès de la chimie et de la mécanique nous ont permis de produire plus promptement, d'obtenir un rendement mieux calculé et d'économiser plus de bras ; mais nous suivons encore, en le déguisant sous quelques perfectionnements, la méthode du père Labat et nous nous en trouvons bien.

Je l'interrompis : est-il bien nécessaire, lui dis-

je, de faire passer le vesou par tant de chaudières ?
N'est-ce pas une perte de temps et un préjudice ? Ne
pouvez-vous pas purifier le jus de cannes et obtenir
le sirop sans décanter si souvent ? Il suffirait, il me
semble, d'un réactif assez efficace pour pousser à la
fois toutes les écumes à la surface du liquide et pour
précipiter au fond de la chaudière toutes les matières
en suspension. En êtes-vous encore à la lessive[1] ?

— La défécation est fort difficile et fort compli-
quée, me dit mon interlocuteur. Les matières gom-
meuses ou albuminoïdes qui montent sous forme
d'écumes, ou sont précipitées au fond, ne peuvent
être éliminées du premier coup. Après les premières opérations, il reste encore en dissolution,
dans les jus, des sels de potasse ou de soude et du
glucose. On les retrouve dans les mélasses. C'est
pour cela que les précautions minutieuses que prenait le père Labat ont leur raison d'être. Les ob-

---

1. Le père Labat préparait sa lessive dans un barillet posé sur une
sellette et percé d'un trou. Il bouchait ce trou avec de la paille longue
et entière. Au fond du barillet il étendait une couche d'herbes broyées
et hachées (herbe à blé, herbe à pique, la mal-nommée, la liane brû-
lante). Au-dessus de cette couche, il mettait une couche de cendres, et
au-dessus de celle-ci une couche de chaux vive. Ensuite il superposait
les mêmes couches, lit d'herbes, lit de cendres, lit de chaux, jusqu'aux
bords du barillet. Il versait de l'eau chaude au-dessus et laissait couler;
ensuite il répandait cette lessive sur le marc du baril jusqu'à ce que
*la lessive devînt si forte qu'en la mettant sur la langue avec le bout du
doigt on ne pût pas l'y souffrir et qu'elle jaunit le doigt comme si c'était
de l'eau forte.*

servations qu'il avait faites ne doivent pas être
négligées. « La première cuisson dans la *grande*
» *chaudière*, écrit-il, fait remonter des écumes épaisses
» et noires dont on débarrasse le vesou. On le passe
» ensuite, avant de le déverser dans la *propre*, à
» travers un drap appelé blanchet. Ce n'est qu'à la
» troisième cuisson qu'on jette dans le jus une cer-
» taine lessive qui le purge activement et pousse à
» la superficie les impuretés qu'il contient encore.
» En passant dans le *flambeau* le vesou, purifié et
» réduit, se couvre de bouillons clairs et transpa-
» rents. Dans le *sirop*, le vesou prend de la con-
» sistance et du corps. Mais ce n'est que dans la *bat-*
» *terie* qu'il reçoit une entière cuisson après avoir
» subi une dernière lessive de chaux et d'alun.
» Alors seulement, à l'aide de becs-de-corbin, on
» le transporte dans les rafraîchissoirs. »
    Voilà le système du père Labat. Aujourd'hui les
mots sont changés, mais non la chose.
    — Tout cela pourrait, il me semble, être sim-
plifié, m'écriai-je.
    — Ne croyez pas cela, me répondit-il. Le vesou
est difficile à gouverner. Il est tantôt clair et blan-
châtre, tantôt brun et visqueux, tantôt noirâtre et
épais avec une odeur d'aigre. Dans le premier cas il
est vert et gras, dans le second il est bon et riche en
sucre, dans le troisième il est trop mûr et difficile à

dégraisser. Toute notre attention, vous le voyez, se concentre sur les moyens de corriger les défauts du vesou, sur le mode de cuisson et sur les réactifs qu'on doit employer dans les différents cas.

— Quels sont, dis-je à mon cicerone, les opérations successives que subit le vesou, d'après vos procédés nouveaux, pour être transformé en sucre ?

— Voici : au sortir de la chaudière à déféquer, quand les écumes ont été enlevées, et lorsque le décantage a été effectué, les jus clairs sont envoyés sur des filtres pour être clarifiés encore, et de là dans l'appareil d'évaporation où ils sont concentrés à 20 ou 22 degrés Beaumé. Ces sirops sont ensuite filtrés de nouveau et conduits par des canaux dans les appareils à cuire dans le vide. C'est là que la concentration des sirops s'opère et que le grain commence à se former, par des injections successives. A ce moment, la masse cuite pèse 41 ou 42 degrés Beaumé. La cuisson continue jusqu'à ce que le grain ait atteint la grosseur voulue dans la masse fluide. Alors on coule ce sirop dans de grands réservoirs où il se refroidit. Quand la masse est froide et cristallisée, elle est transportée dans les malaxeurs qui divisent les blocs de cristaux agglutinés, et puis, de là, introduite dans les turbines dont la rotation rapide la débarrasse, grâce à la force centifruge, de la mélasse liquide qui l'entoure encore.

Dans les turbines on épure complètement le sucre à l'aide d'injections de vapeur, on le sèche et on obtient du sucre blanc de premier jet.

Quant aux résidus, ils sont aspirés par les mêmes appareils à cuire. Ils ne donnent qu'une masse très fluide qu'on envoie, après cuisson, dans les réservoirs pour amener la cristallisation. Mais ce n'est qu'au bout de quelques jours qu'on peut turbiner ces bas produits. La nuance de ce sucre est toujours d'un jaune plus ou moins pâle.

En parlant ainsi, nous parcourions l'usine dans tous les sens. Parvenus devant l'immense machine à diffusion qu'on venait d'élever à grands frais, je demandai à mon interlocuteur quelques renseignements sur le rendement de la canne.

— La canne, me répondit-il, contient 88 0/0 de jus. Mais les pressions les plus énergiques n'en ont pu extraire jusqu'à ce jour qu'un maximum de 70 0/0. Le nouveau procédé par la machine à diffusion donne 75 0/0; il donnera peut-être 80 0/0. C'est un immense progrès.

Je souris avec incrédulité, et je lui fis remarquer en outre que ce procédé dont l'installation entraîne d'énormes dépenses ne couvre pas les frais, à cause de la valeur minime et encore aléatoire du rendement supplémentaire.

Il ne répondit point et il m'entraîna par un escalier sur une plate-forme qui sert de dunette au directeur et d'où la vue s'étend sur toutes les parties de l'usine.

A travers une buée lourde et noirâtre, on entrevoyait, au centre de l'usine, le rayonnement du brasier incandescent des fourneaux qui jetaient par instant des éclairs et des étincelles de tous côtés. On devinait autour de soi, au milieu du bruit assourdissant et régulier des machines en branle, les efforts du travail de la fourmilière humaine ; on entendait le heurt des *pagalles* contre le cuivre des chaudières, le grincement des pelles activant la combustion de la bagasse dans les fourneaux, le clapotement des ouvriers plongés jusqu'à mi-corps dans les bacs de mélasse, l'émiettement par les malaxeurs des masses cristallisées, le sifflement de la vapeur de soufre dans les gouttières, le ronflement des turbines, le bruissement mouillé des cylindres écrasant les cannes, et au loin le roulement des chariots emportant les boucauts de sucre dans les magasins de dépôt.

Et puis autour des cuves et des bacs, auprès des chaudières et des appareils, le long des gouttières, dans la vapeur noire des mélasses ou dans le rayonnement aveuglant des bouches des fournaises, on distinguait, accroupis ou debout, en travail, les corps luisants de milliers de nègres nus, n'ayant autour des reins qu'un lambeau de toile retenu par une ficelle. L'odeur âcre de la transpiration se mêlait aux vapeurs fades qui s'élevaient lourdement de toutes parts au-dessus de cette armée laborieuse de fourmis, à travers le dédale de ces couloirs s'entre-croisant et s'enfonçant dans une demi-obscurité. Tout au fond, comme une trouée de lumière, la grande porte d'entrée était béante, montrant la rue endormie sous le soleil.

XXV

PLAISANT CONTE

Où l'on voit un nègre, un mulâtre et un blanc se rendant au ciel.
— Comment se calma la mauvaise humeur de saint Pierre. —
Patience et bonté de Dieu le Père envers le blanc. — Familia-
rité du mulâtre à l'égard des hôtes du paradis. — Pourquoi
Dieu éclate de rire et cède aux prières du mulâtre. — Timidité
du nègre et colère de Dieu. — Le bienheureux Labre dans le
paradis. — Le bon Dieu fait au nègre un don inattendu. —
Morale de cette histoire.

A La Martinique, d'après la légende, les blancs,
les mulâtres et les nègres ont un caractère différent,
opposé presque. On prétend que l'esprit d'initia-
tive, la pondération, l'économie sont le lot du blanc,
et que la fierté, l'outrecuidance et la prodigalité sont
celui du mulâtre. Le nègre, dit-on, est paresseux,
timide, humble même, se souvenant, si on lui tient
tête, ou si on le menace, qu'il était esclave hier encore. Et en effet, on le traite avec rudesse, parfois
avec mépris; on lui jette à la face, comme suprême
injure, qu'il est un nègre et rien de plus.

Cette différence entre les races qui habitent La Martinique est plaisante plutôt que vraie. Selon moi, il y aurait plus d'une restriction à formuler. Mais ces réserves une fois faites, je cède à l'attrait de vous répéter la légende qu'en langage créole nous a dit hier, avec un ton de malicieuse bonhomie, un mulâtre dont le cœur est aussi large que l'esprit. Voici cette légende, dont la traduction affaiblira certainement la vivante originalité.

Par un soleil brûlant qui avait desséché l'herbe de la grande savane, vers l'heure de midi, trois pauvres diables, un blanc, un mulâtre et un nègre, les dents longues, les bras ballants et l'air déconfit, étaient assis sur le même banc, tournant le dos à la mer, et regardaient tristement devant eux. Ils n'avaient ni sou ni maille et n'auraient pu, en se cotisant, réunir de quoi acheter un *acras* de morue ou une chopine de tafia. Le blanc songeait, le mulâtre maugréait, le nègre ne parlait ni ne pensait.

— « Notre ventre est creux, dit le blanc en se levant tout à coup, notre gosier est sec, notre poche est vide. Les temps sont durs et les gens avares; la terre n'est pour nous qu'une marâtre sans cœur; la saison des mangots est encore loin; il ne nous reste, pour unique ressource, que d'aller au ciel frapper à la porte du bon Dieu. »

Le mulâtre était déjà debout :

UNE RUE DE FORT-DE-FRANCE APRÈS L'INCENDIE

(D'après une photographie)

— « Partons, dit-il, je passe devant. »

Mais comme il ne connaissait pas le chemin, il fut obligé, non sans regret, de céder le pas au blanc. Celui-ci s'orienta et prit par le sentier raide qui monte à la chapelle du Calvaire et se perd ensuite dans les nuages. Le mulâtre releva ses cheveux, brossa son paletot d'un revers de main, mit son chapeau sur son oreille et le suivit. Le nègre silencieux emboîta le pas derrière ses deux camarades, mais d'un peu loin. La pauvreté de ses vêtements, cachant mal sa nudité, le préoccupait. Il se demandait avec inquiétude si le bon Dieu des blancs voudrait recevoir un nègre si mal accoutré, baragouinant le français, ayant les pieds nus, crevassés et poudreux.

Ils suivaient un chemin étroit, caillouteux et brûlé, couvert de ronces, selon l'expression des Saintes Écritures. Ils allaient l'un derrière l'autre, à la file, le blanc combinant son plan, le mulâtre parlant à haute voix, mimant avec de grands gestes le discours qu'il adresserait à Dieu, le nègre se grattant la tête par un geste familier à ceux de sa race, pour tâcher d'en faire sortir quelques idées.

Ils arrivent enfin au ciel. La porte était fermée. Le blanc s'avance et frappe. Saint Pierre, de fort méchante humeur, ouvre brusquement :

— « Que viens-tu faire ici, dit-il? Ne sais-tu pas que le ciel est interdit aux vivants?

— Grand saint, répondit le blanc sans se déconcerter, je m'appelle Pierre Bontricot. Vous êtes mon
patron. Vous ne me laisserez pas traîner ma vie
dans la misère noire. Permettez-moi de voir le bon
Dieu et je ferai brûler un cierge de six livres en
votre honneur. »

Le saint se laissa gagner, d'autant plus que son
autel était un peu délaissé et que la ferveur de ses
fidèles allait en se refroidissant, même dans sa bonne
ville de Saint-Pierre :

— « Suis ce corridor, traverse la cour, prends
» la première porte à gauche. Mais ne sois pas
» long; car le bon Dieu va se mettre à table avec
» la Sainte Famille. »

Notre homme, sans perdre de temps, s'engage
dans un couloir, arrive dans la cour et pénètre sans
frapper dans une vaste salle dont la porte était
entr'ouverte. C'était la salle à manger. Le couvert
était mis fort simplement, comme il convient chez
le bon Dieu. Quelques anges approchaient les
chaises et mettaient la dernière main à la table. Il
aperçoit un grand vieillard, à barbe blanche, à l'air
vénérable, debout près de la fenêtre, au grand jour,
et lisant un journal. Il reconnaît le bon Dieu à
l'auréole qui lui entourait le front, comme sur les
images de son paroissien. Il s'approche de lui et,

respectueusement, il lui fait un émouvant tableau de ses souffrances et de ses misères.

— « Enfin, que veux-tu ? » lui dit le bon Dieu d'un ton paternel, en relevant ses lunettes d'or sur son front et en croisant ses bras sur sa poitrine après avoir déposé son journal sur l'appui de la fenêtre.

— « Ah ! Bon Dieu, vous le savez bien, vous qui savez tout. Accordez-moi trois mille francs, donnez-moi votre bénédiction et je me tirerai d'affaire. »

Le Père Éternel sourit. Il trouva la demande modérée et faite en bons termes. Il était du reste prédisposé à la miséricorde, car l'article qu'il venait de lire dans *les Antilles* lui avait plu. Il s'approcha d'un petit secrétaire, s'assit dans un grand fauteuil, prit une feuille de papier avec en-tête, data du Paradis, ce troisième jour après l'Épiphanie, écrivit quelques mots d'une grosse écriture, signa d'une manière assez illisible et tendit ensuite le papier au solliciteur.

— « Tiens, voilà un bon de trois mille francs. Passe à la caisse et sois béni. »

Notre homme prit le bon, se retira à reculons, se rendit à la caisse et demanda à l'archange, à travers le guichet, de le solder en billets de banque. Après avoir soigneusement compté et recompté les billets, il les mit dans sa poche et enfonça son mouchoir par dessus. Ensuite il passa devant la loge, salua poliment saint Pierre et aborda le mulâtre :

— « J'ai obtenu trois mille francs, lui dit-il. Tâche d'en avoir autant. »

Le mulâtre courut à l'entrée du ciel et frappa à son tour :

— « Encore un ? cria saint Pierre. »

Le mulâtre se redressa comme piqué par une vipère :

— « Saint Pierre, dit-il avec hauteur, je suis homme de couleur, je suis né à Fort-de-France et par conséquent, il vous est interdit de me confondre avec.....

Le saint l'interrompit.

— « Assez de phrases, que veux-tu ? »

— « Je veux voir le bon Dieu. Au reste, il m'attend. »

Il dit cela avec tant d'assurance que saint Pierre le laissa passer.

Le mulâtre, d'un air délibéré, entra dans la salle à manger, en faisant résonner ses talons sur les dalles. La Sainte Vierge, Jésus-Christ et Saint Joseph étaient déjà assis à table. Dieu le Père allait prendre sa place. Malgré son indulgence infinie, il ne put s'empêcher de froncer les sourcils en voyant le sans-gêne familier de ce mortel qui faisait le tour de la table saluant chacun des célestes convives et qui s'avançait vers lui la main tendue :

— « Que veux-tu, lui dit le bon Dieu ? »

— « Mesdames, messieurs, commença le mulâtre en scandant ses mots, et vous, bon Dieu,..... »

Dieu, voyant qu'il allait entamer un discours, coupa court à sa faconde, d'un ton qui n'admettait pas de réplique.

— « Abrège, que te faut-il ? »

— « Vous avez donné trois mille francs à ce béké-là; il me faut à moi, homme de couleur, six mille francs, car je..... »

— « Deux mille écus ! s'écria Dieu. Tu veux donc ruiner le Paradis ? Tu te contenteras d'une somme égale à celle de ton compagnon. »

— « Est-ce possible ? répondit le mulâtre. Que ne dirait-on pas à Fort-de-France si je n'obtenais pas plus que le blanc ? D'ailleurs, pouvez-vous me refuser, vous qui êtes avant tout le bon Dieu de La Martinique ? »

En entendant ces mots Dieu se mit à rire bruyamment et toute la table rit avec lui.

L'Éternel, ayant ri, se trouvait désarmé. Il lui donna un bon de trois mille cinq cents francs. Le mulâtre sortit triomphant non sans avoir présenté ses devoirs à toute la société, et il se rendit à la caisse.

— « Payez-moi en pièces d'or ! » dit-il au caissier divin. Il reçut son argent sans compter, le mit dans sa poche et il le faisait sonner en marchant. Il passa d'un air délibéré devant saint Pierre, le salua de la main, sortit et s'approcha du nègre qui attendait patiemment, assis sur le revers du fossé longeant le chemin.

— « *Ah foutt! mou ché,* lui dit-il en lui frappant sur l'épaule. Le bon Dieu est un brave homme, oui. *Allez, mou ché; bon Gué ka baille lagent toutt mounn, ou tann*[1]*?* Et il le quitta en faisant tinter ses pièces d'or.

Le nègre, laissé seul, se sentit plus intimidé que jamais. Cependant, après y avoir réfléchi, le succès de ses deux compagnons l'enhardit un peu. Il s'approcha de la porte entrebâillée. Il n'osa pas frapper. Il poussa un battant, et passa sa tête timidement. Saint Pierre était rentré dans sa loge et il était occupé à faire reluire les clefs de son trousseau. Le nègre se glissa dans le vestibule, fit un pas, puis deux, gagna l'entrée du couloir, et, à tout au hasard, le cœur battant, il pénétra dans le ciel. Ses pieds nus ne faisaient aucun bruit. Il arriva sans encombre dans la cour. Il entendit un bruit de fourchettes

---

1. Allez, mon cher, le bon Dieu donne de l'argent à tout le monde, vous entendez ?

dans la salle à manger ; il s'en approcha, s'arrêta à deux pas du seuil, puis vint s'adosser contre l'un des montants de la porte, en dehors, attendant que quelqu'un l'aperçut.

Le bruit confus de la conversation arrivait jusqu'à lui. Il crut entendre le nom de *Martinique* prononcé par l'un des convives. Cela lui donna du courage. Il se décida à entrer. Mais sur le seuil, il s'arrêta étonné de son audace, regardant la table avec ses gros yeux blancs, sa bonne figure luisante, son rire béat qui fendait sa bouche jusqu'aux oreilles. Comme son grand corps intercepta brusquement la lumière qui venait de la porte, la Sainte Vierge leva les yeux, poussa un petit cri de frayeur et fit le signe de la croix. Tous les convives se signèrent aussi. Pour le coup, le Père Éternel perdit patience :

— « Qui t'a permis d'entrer ici ? dit-il avec colère. Que viens-tu chercher au ciel ? »

Le pauvre nègre était décontenancé. Sa mémoire s'embrouilla. Il ne retrouva plus ni ce qu'il venait faire ni ce qu'il fallait dire. De son geste familier il se gratta la tête longuement, puis il répondit :

« *Moin vini épis missié là* [1]. »

— « Eh bien ! qu'attends-tu ? va les rejoindre, »

---

1. Je suis venu avec ces messieurs.

lui dit le bon Dieu. Puis, faisant réflexion, il dit
à un ange : « Allez chercher saint Labre. »

Quelques instants après, le bienheureux Joseph
Labre se présenta, aussi pouilleux et aussi loque-
teux que sur terre. Dieu lui dit :

— « Donne à ce nègre deux boîtes de ta collection. Je veux qu'il emporte aussi quelque chose. »

Le nègre reçut des mains de Labre deux petites
boîtes, et après avoir balbutié je ne sais quels remer-
ciements, il s'esquiva, passa rapidement devant la
loge avec la crainte de recevoir quelques rebuffades
et gagna la porte.

Quand il se crut hors de danger, il ouvrit avidement les deux boîtes; l'une était pleine de bêtes
rouges et l'autre de chiques.

Ces bêtes se répandirent sur lui, et il y en eut
assez pour peupler toute La Martinique.

Le blanc, béni de Dieu, a acheté une habitation.
Ses cannes poussent à merveille. Le mulâtre a
donné son argent à tout venant, à pleines mains,
faisant des heureux. Il est aussi pauvre et aussi fier
qu'autrefois. Le nègre est toujours enclin à l'inaction.
Il passerait sa vie entière étendu au soleil s'il n'était
éveillé de temps à autre par les bêtes rouges et les
chiques.

XXVI

INCENDIE DE FORT-DE-FRANCE

Rapidité de l'incendie. — Ses causes. — Une ville en bois. — Le
soleil, le vent et le rayonnement. — Pompes et pompiers. —
Affolement général. — Derniers efforts. — La mine. — Nuit
lugubre. — Les victimes. — Aspect de la ville incendiée le
lendemain du désastre. — Appréhensions.

Le terrible incendie du 22 juin n'a été qu'une
rapide flambée. En moins de quinze heures, la ville
presque entière a été réduite en cendres[1]. Le feu
s'est déclaré en plein jour, vers huit heures du matin, au centre de la ville commerçante, près du
marché couvert. Il a fait rage toute la journée et
s'est éteint dans la nuit suivante presque brusqué-
ment, comme un feu de paille. Malgré les accusations qui ont été lancées et les insinuations que l'on
a répandues, je crois que la malveillance est restée
étrangère à cet épouvantable sinistre. Une imprudence de vieille femme, dit-on, a été cause de l'incendie. Dans une cour intérieure, véritable *Cour des*

---

1. Voir plan, page 231.

miracles, où logeaient côte à côte un grand nombre
de ménages, deux enfants, abandonnés seuls dans
une case par leur vieille mère, ont joué avec des
allumettes et mis le feu à quelques brindilles. En
un instant les flammes ont enveloppé la case, gagné
les cases contiguës, envahi les habitations voisines et
pris tout à coup d'alarmantes proportions.

La rapidité, la violence et le peu de durée de
l'incendie s'expliquent. Il y a cinquante ans environ,
en 1839, un tremblement de terre avait renversé
Fort-de-France. Pour éviter de semblables catastro-
phes on crut nécessaire de rebâtir une cité reposant
légèrement sur le sol et entièrement construite en bois.
Hélas! le sort de ces villes est de devenir tôt ou tard
la proie du feu. Les murs en maçonnerie de la nouvelle ville ne s'élevaient pas au-dessus du rez-de-
chaussée, et sur eux s'étageaient les maisons construites en bois dans toute leur hauteur. Le faîtage
et les chevrons, les charpentes et les cloisons, les
boiseries formant le revêtement extérieur et appe-
lées *aissantes* dans le pays, desséchés par le soleil des
tropiques depuis si longtemps, prenaient feu à distance, par rayonnement, comme s'ils avaient été
enduits de phosphore. Les flammes sautaient de
maison en maison, de rue en rue, de quartier en
quartier, dans tous les sens, avec une vitesse qui
pouvait déconcerter et annihiler les bonnes volon-

MAISON DE CAMPAGNE ET MARCHÉ COUVERT DE FORT-DE-FRANCE, APRÈS LE CYCLONE
DU 18 AOUT 1891 (D'après des photographies)

tés. Durant toute la journée, le soleil resta implacable. Nous étions dans la saison chaude et sèche qui commence en avril et finit en juillet. De plus, un grand nombre d'habitants avaient profité du dimanche pour se retirer à la campagne, dans les hauteurs. Enfin c'était l'époque des grandes brises d'est et des brusques sautes de vent. Cependant la direction des courants laissa espérer d'abord que la partie de la ville qui avait le vent favorable échapperait à l'incendie; mais les flammes marchaient contre le vent avec une sorte de furie et s'étendaient dans toutes les directions, sans se laisser ralentir.

Si l'eau manquait, ce n'était que dans les canaux des rues, car la ville est assise, d'un côté sur le bord de la mer, et de l'autre sur les rives de la Levassor. Trois cents personnes suffisaient au début pour former une chaîne entre la mer ou la rivière et le foyer de l'incendie. Personne n'y songea. Il y eut un moment d'affolement général. Au milieu de la panique, les ordres, les manœuvres et les secours se gênèrent et se heurtèrent.

Que l'on songe que cette ville de bois, menacée sans cesse de l'incendie, n'avait que six pompes. Quand les pompiers les dirigèrent sur les maisons en feu, ils ne tardèrent pas à constater que l'eau se perdait avant d'arriver à la lance, ou ne produisait qu'un jet inerte. De plus on prenait l'eau des ruisseaux, qui était boueuse et insuffisante. Pendant ces efforts mal combinés et stériles, le feu allait grand train, enveloppait les pompiers qui fuyaient, abandonnant les pompes dans les rues inondées.

Quant aux habitants ils couraient à leurs domiciles pour sauver leurs meubles, leurs bijoux et leur linge. La ville entière déménageait. Chacun pensait à soi; peu se dévouaient à l'intérêt général. Une foule de nègres des environs s'étaient abattus sur la ville en flammes, comme sur une proie facile, et profitaient de l'effarement de tous pour se livrer au pillage et au vol en toute sécurité. Chaque propriétaire, sur sa porte, haletant, appelait avec angoisse à son secours ou à son aide pour opérer à prix d'or le déménagement des meubles lourds.

C'en était fait! Hélas! on fuyait devant l'incendie. Le sacrifice était accepté. On abandonnait la ville aux flammes.

Vers midi, Saint-Pierre envoyait par mer ses pompes et une compagnie de sapeurs-pompiers. Mais déjà le fléau avait détruit le marché et les rues qui l'environnaient. La rue Blénac, la rue Victor-Hugo, la rue Isambert, les rues Saint-Louis et Sainte-Catherine ne formaient qu'un affreux tourbillon de flammes autour de l'église qui s'embrasait également. Le clocher fut dévoré en un clin d'œil et on entendit le carillon entier s'effondrer, défoncer le plancher dans sa chute et se briser sur le sol avec un bruit pareil à un glas déchirant. L'hôpital civil n'existait plus, l'usine de la Pointe-Simon était en feu ; la bibliothèque Schœlcher, l'école des filles et la mairie étaient en danger. Le palais de justice et la direction de l'intérieur étaient menacés.

Il y eut alors un moment de réveil et de décision farouche. Il était une heure du soir. On fit au feu une part douloureuse. On ne combattit plus l'incendie qu'en lui opposant des décombres. On luttait par l'écroulement. On faisait sauter à l'aide de la dynamite des îlots entiers de maisons.

C'est autour du palais de justice que se concentrèrent les derniers efforts. Les soldats, les magistrats, les instituteurs, les conseillers municipaux, les fonctionnaires de tout ordre faisaient face au feu, se relayant aux pompes, se multipliant pour tous les besoins. Devant cette résistance désespérée, l'incendie hésita et parut reculer. Le palais de justice fut préservé ainsi que la Trésorerie et l'hôtel de la direction de l'Intérieur. En sauvant ces édifices, on sauva un coin de la ville.

A cinq heures du soir, on ne voyait plus une seule maison debout dans le quadrilatère tracé par la rivière Levassor, la grande Savane, le rivage et la rue Fossé. Ce qui restait de Fort-de-France se réduisait au triangle formé par la rue Fossé et par

les deux côtés de la route qui longe la ville au nord-
est. Là se trouvaient l'ouvroir, les casernes, l'hôpital
militaire, les magasins, les parcs d'artillerie, la gendarmerie, le presbytère et l'hôtel du gouverneur.

Le feu dévorait, à dix heures du soir, le dernier
quartier de la rue Blondel. Alors seulement on eut
la certitude d'avoir circonscrit l'incendie. Et en effet
tout s'éteignit presque subitement cinq heures après.

Cette nuit fut lugubre. Sur les routes, sur les
talus des chemins, dans les fossés, par les savanes,
les incendiés étaient errants ou étendus au milieu
du linge entassé en désordre, des meubles disloqués
et de tous les débris arrachés aux flammes. Cette
foule ruinée, comprimant sa douleur, offrait un navrant spectacle. Elle ne faisait entendre ni une
plainte, ni un murmure. Un abattement morne pe-
sait lourdement sur ce malheur. On n'avait pas
mangé ce jour-là. Le pain manquait. Ce ne fut que
le lendemain qu'on put faire une première distribu-
tion de vivres, grâce à la généreuse ville de Saint-
Pierre.

Le courage, l'imprudence et le dévouement
firent des victimes. Dix-huit cadavres ont été retrou-
vés. Parmi eux on a reconnu l'oncle du député De-
proge, qui n'avait pu fuir à cause de son grand âge
et de ses infirmités. Une petite servante, orpheline
qu'il avait recueillie, ne voulut pas l'abandonner et

mourut avec lui. On retrouva la pauvre enfant dans les bras du vieillard. Une jeune fille fut brûlée dans la cour de sa maison, au milieu d'un bassin desséché par le feu. Cette malheureuse, affolée, enveloppée par les flammes, sans issue pour échapper, avait cherché un refuge contre le feu dans l'eau du bassin. — Quand il faut affronter la mort, nos soldats sont toujours au premier rang. Deux d'entre eux sont tombés dans les flammes et y ont péri.

Plus de mille propriétés importantes ont été incendiées. Les usines, les chantiers, les magasins, les marchandises qui se trouvaient sur le bord de la mer ne forment plus qu'un monceau de cendres. La perte totale a été évaluée à plus de trente millions.

Aujourd'hui Fort-de-France n'offre pas l'aspect d'une ville incendiée, mais plutôt celui d'une ville morte depuis longtemps, retrouvée et sortie pour ainsi dire des fouilles. Les pans de murs ne sont pas noircis. On n'aperçoit nulle part ni trace de feu, ni trace de fumée. Toute cette cité, abandonnée, muette, blanchissante, avec ses murs bas encore debout, où l'on ne reconnaît plus aucune rue et où on ne retrouve plus aucune maison, évoque le souvenir de Pompéï ou d'Herculanum. Ce n'est plus que l'emplacement d'une ville [1].

1. Voir gravure, page 243.

Sera-t-elle jamais reconstruite? La classe ou-
vrière, très populeuse, s'est mise à élever des baraques de bois le long de la route. Cette route est
aujourd'hui une rue bruyante, déguenillée et originale. Le petit commerce y a établi son centre; les
petits marchands s'y sont installés. La ville s'est
déplacée. Je crains fort que cette rue de pauvres
gens et de pauvres baraques ne devienne le centre
de la ville nouvelle, si jamais elle sort de ses ruines.

XXVII

TRISTE ÉPILOGUE

Le cyclone du 18 août 1891 à Fort-de-France.

Après les deux incendies du 22 juin 1890 et du 6 avril 1891, il semblait que Fort-de-France fût une ville maudite. Aujourd'hui cette malédiction semble peser sur La Martinique entière. Jamais désastre semblable à celui du 18 août n'a, de mémoire d'homme, jeté sur un pays la dévastation et la mort d'une main aussi brutale. Les vieilles gens de la colonie croient cependant pouvoir affirmer qu'un cyclone plus terrible désola La Martinique en l'année 1766, d'après les récits qu'en faisaient autrefois leurs ancêtres.

Vers six heures du soir, après une journée lourde comme du plomb, sous un ciel muet et louche, dans une atmosphère humide et chaude, le baromètre subit une dépression anormale et descendit à 0m,736. L'horizon se rétrécissait ; des nuages rougeâtres tombaient et traînaient sur la terre ; une pluie flottante nous enveloppait. Puis le vent se leva, souffla du N.-E. à travers les nuages sans les crever, tourbillonna avec eux en sifflant d'une sinistre manière.

La villa que j'habite au-dessus du Château-d'Eau, sur le versant d'un morne tout vert, domine Fort-de-France qui s'étend sous mes yeux entre le fort Desaix et la baie des Flamands, avec le Carénage derrière lui, et plus loin, les îlets et la côte boisée. De là j'aurais pu voir venir la tempête du fond de l'horizon, si elle s'était annoncée, et si elle avait porté le tonnerre dans ses flancs. Mais elle a dissimulé sa marche dans le brouillard et sous la pluie. Nous avons été trompés et surpris. Quand nous fûmes entrés dans le champ d'action du cyclone, il était nuit close. Le vent du nord-est, roulant avec lui les nuages et la pluie, commença l'attaque, mais d'abord d'une manière sournoise et bonasse, par grains inégaux.

Chaque maison aux Antilles est construite mi-partie en maçonnerie et mi-partie en bois. Les fondations sont maçonnées et s'élèvent à un mètre environ hors du sol. Au-dessus est étagé le reste de la maison tout en bois. La toiture se compose soit de plaques de tôle ondulée, soit de tuiles plates à peine fixées sur les lattes et sur les chevrons. Les fenêtres, mal closes, portent, non des vitres et des volets comme en France, mais des châssis munis de persiennes qui se disloquent aisément. Comme on a besoin d'air à La Martinique, toutes les maisons sont ouvertes et ajourées.

A travers ces fenêtres sans défense, le vent jeta la pluie à flots et les inonda dès le premier choc. La pluie ne tombait pas; elle fouettait horizontalement à l'aide du vent. On crut d'abord n'avoir à se défendre que contre une trombe d'eau. C'est fréquent pendant l'hivernage.

Quant à moi, occupé à lire, je m'en inquiétai peu d'abord. Mais bientôt j'entendis les filaos, les poiriers et les mombins du morne se débattre furieusement. J'ouvris ma fenêtre, et, du premier étage, j'entrevis le cyclone et sa gigantesque attaque. A n'en pas douter, nous nous trouvions sur le passage du centre du météore car la direction du vent ne variait pas. Les arbres étaient pliés en deux sous l'haleine de la rafale, puis se redressaient effarés, avec des déchirements de rameaux, avec des plaintes de branches brisées, avec des sanglots de troncs tordus et de racines soulevées.

On n'entendait pas la voix prolongée du tonnerre, mais le bruit sec de détonations rapprochées et crépitantes. Des éclairs circulaires allumaient de toutes parts dans l'air des flamboiements d'incendie.

Dans cette atmosphère ardente d'électricité, où l'ouragan faisait rage parmi la foule des arbres échevelés luttant dans la nuit, sous l'étreinte farouche de la tempête, il régnait une terreur folle, pleine de cris lamentables, d'appels désespérés, de gestes éperdus, de clameurs confuses de toute la nature menacée de mort.

Une dernière fois je vis des cimes noires d'arbres se tordre dans les convulsions d'une horrible agonie, et, en même temps, un coup de vent furieux enleva la fenêtre que je retenais, la brisa, s'engouffra dans ma chambre, défonça les cloisons et les portes, éteignit les lampes et fit trembler toute la charpente de la maison. Vers huit heures, le centre du météore passa sur nous. Il y eut un moment d'accalmie. La pluie et le vent cessèrent ensemble, sous un ciel clair. Le baromètre marquait 0m,721. Forcés de fuir et d'abandonner le haut de la maison, nous profitions de ce répit pour gagner à tâtons le rez-de-chaussée, lorsque l'ouragan reprit sa violence. Nous rentrions dans le second hémisphère du cyclone. Le vent avait renversé sa direction. Il soufflait du S.-O. avec furie.

Tout à coup, les plaques de tôle du toit furent arrachées avec un grincement déchirant. Dès lors, des torrents de pluie tombent dans notre maison découverte et coulent d'étage en étage, à travers les planchers. Nous entendons comme des gouttières gargouiller le long des escaliers.

Quant à nous, arc-boutés derrière les portes les plus menacées, trempés jusqu'aux os, pataugeant dans l'eau, ruisselants, nous luttons contre l'ouragan, avec l'idée de la mort possible, pendant que les arbres du morne, les reins cassés, étaient jetés avec violence contre les murs de la maison qui gémissait sous les coups de ces étranges béliers. Des masses de roches et de terre se détachaient des hauteurs et dévalaient sur nous. Le vent beuglait, tourbillonnant autour des issues, mordant, déchirant, arrachant, avec des craquements de planches, des grincements de ferrures, des grondements de tôle. Je ne crois pas qu'on puisse entendre tempête plus courroucée et plus grandiose. Les clameurs lointaines de la mer se mêlaient, en notes sourdes, à ce vacarme strident.

Enfin, vers dix heures, le vent tourna au sud-est avec un apaisement. Le cyclone s'éloignait. C'était le salut. Nous nous jetâmes sur des chaises, les pieds sur les barreaux pour éviter l'eau qui couvrait le plancher, le bras replié sur le dossier et la tête sur le bras. Et c'est ainsi que dans l'obscurité nous attendîmes le jour.

Quand il parut, je montai au premier étage pour juger du désastre. Je regardai au dehors et je crus être le jouet d'un rêve. Je ne reconnus pas le pays;

ce n'était plus La Martinique. Pas un arbre n'était debout. La campagne était rasée. Çà et là, dans le fond des ravins, derrière les talus, au creux des chemins, le vent avait balayé, ramassé et entassé des monceaux de branches et de feuilles. Des troncs gisaient étendus, avec les racines hors de terre, devant les trous béants du sol déchiré. Quelques arbres, encore sur pied, étaient nus, mutilés, en lambeaux.

Au bas de ma villa, par delà la route, s'étendait une prairie plantée de cassiers, de flamboyants et de cocotiers, descendant en pente douce vers un ruisseau jaseur et remontant ensuite, à travers des manguiers, jusqu'à l'entrée d'une habitation riante. C'est dans cette prairie, sous les cassiers, à l'ombre silencieuse, que j'allais souvent m'étendre pour lire ou songer. Or, il ne restait rien de ce merveilleux dôme de verdure [1]. Un incendie aurait laissé moins de ravages et aurait causé une émotion moins douloureuse.

De loin, Fort de-France me sembla avoir aussi terriblement souffert. En effet, le grand marché couvert [2], la cathédrale et le grand dortoir de l'hôpital militaire s'étaient effondrés. Les constructions neuves étaient éventrées, penchées ou renversées.

---

1 -2. Voir gravure, page 255.

Les maisons n'avaient plus de toitures. Les hauts palmistes qui entouraient la statue de l'impératrice Joséphine étaient décapités, la tête pendante le long de leur tronc. Les arbres séculaires de la grande Savane, qui formaient des allées si ombreuses, en grande partie abattus, avaient écrasé dans leur chute les cases que les pauvres gens y avaient construites depuis l'incendie. C'était un indescriptible pêle-mêle de débris de toute sorte au milieu desquels des malheureux cherchaient la place de leurs demeures. Il ne restait pas trace de toutes les petites baraques qui s'étaient établies, depuis le 22 juin, le long de la route qui borne la ville au nord-est. Tout cela avait été disjoint, disloqué et dispersé de tous côtés.

Dans les autres parties de la colonie, le malheur est plus grand encore. Des villages entiers ont disparu, balayés par le vent. Des familles, pleurant sur des amas de ruines, témoignent que là s'élevait, la veille, un village vivant.

Le Morne-Rouge, avec ses chalets et ses jardins fleuris, n'existe plus. A Saint-Joseph, la mairie seule est encore debout. Du Gros-Morne il ne reste rien. Le Marin est rasé; le Vauclin est fauché; le Robert est mort; le François est anéanti; Ducos est enseveli sous les décombres. Près de quarante bourgades sont effacées en ce moment de la carte de La Martinique.

Trente navires environ, à l'ancre dans la rade foraine de Saint-Pierre, ont été ou submergés ou jetés à la côte. Tous les bateaux qui faisaient le service d'une ville à l'autre ont été engloutis. A Fort-de-France, dans la darse même, deux vaisseaux haïtiens ont talonné la jetée et ont coulé à pic. Les pêcheurs ont perdu leurs bateaux et leurs nasses.

A côté de ces irréparables dégâts, que de victimes à déplorer! Chaque village vient d'envoyer au chef-lieu le détail de ses pertes et le bilan de ses malheurs. La seule petite ville du Morne-Rouge compte vingt-huit morts, retirés des décombres. Il y en a vingt-sept au Robert, vingt-six au Gros-Morne, vingt-huit au François, quarante-trois à Saint-Pierre, trente-quatre au Lamentin. Chaque bourg a sa liste funèbre. Quatre soldats malades ont été écrasés sous le toit de l'hôpital du chef-lieu. Je m'arrête. Ces détails sont navrants. L'ouragan a fait 500 victimes dans la colonie.

Les survivants sont à plaindre, les pauvres surtout. Tous les arbres à pain, ressource des malheureux, sont décapités ou déracinés. Pas un manguier n'a été épargné. La récolte de manioc est perdue. Les plantations de cannes sont compromises. Pour comble de malheur, la plupart des usines ont été ruinées : les maisons d'exploitation, les cases

des travailleurs, les rhummeries, les sucreries gisent
à terre.

Que de pauvres gens sans abri et sans pain!
Que d'ouvriers sur le pavé! On n'ose plus tendre la
main, car nos malheurs ont épuisé la charité publique. Je souhaite que tout ce monde de ruinés
trouve du travail. L'inaction forcée est, comme la
paresse, mauvaise conseillère.

Cependant sur cette terre féconde, où la mater-
nité ne s'endort pas, tout vestige de désastre aura
disparu dans quelques mois. Cette gracieuse fille du
soleil et de la pluie se sera parée de nouveau et, sous
son voile de verdure, aura caché les blessures du
cyclone.

Ah! si dans ce pays désolé les hommes de couleur voulaient, au contact de cette terre généreuse,
replanter, rebâtir et se relever, ils devraient avant
tout rapprocher les blancs et les noirs dont ils sont
les fils, unir leurs mains et les associer dans les
mêmes efforts et les mêmes progrès, sans antagonisme, sans rancune et sans arrière-pensée.

Qu'à l'exemple de la France, La Martinique
unisse enfin ses trois couleurs. En fermant ce livre,
je ne peux pas faire de meilleur souhait pour la
prospérité de la plus belle et de la plus malheureuse
des Antilles.

TABLE DES GRAVURES

TABLE DES GRAVURES

TABLE DES MATIÈRES

TABLE DES MATIÈRES

XXIV

UNE SUCRERIE

XXV

PLAISANT CONTE

XXVI

INCENDIE DE FORT-DE-FRANCE

XXVII

TRISTE EPILOGUE

Paris. — Imprimerie Alcide Picard et Kaan. 392. K. P.

PARIS — IMPRIMERIE ALCIDE PICARD ET KAAN

www.ingramcontent.com/pod-product-compliance
Lightning Source LLC
Chambersburg PA
CBHW070738270326
41927CB00010B/2033